Kind und Beruf – So funktioniert es

Maren Lehky

Kind und Beruf – so funktioniert es

Erfolgsstrategien für den Wiedereinstieg

berufsstrategie

Eichborn

Die Autorin:
Maren Lehky, geboren 1962, startete nach dem Studium der Soziologie, Volkswirtschaft und Psychologie ihre berufliche Laufbahn als Trainee in einem großen Hamburger Versandhandelskonzern. Es folgten diverse Tätigkeiten im Personalbereich, seit 1990 mit Personalgesamtverantwortung. Seit vier Jahren ist sie Inhaberin einer Unternehmensberatung, die sich auf Personal- und Führungsthemen spezialisiert hat. Die Hamburgerin ist Autorin zahlreicher Bücher rund um das Thema Arbeitswelt.

1 2 3 07 06

Umschlaggestaltung: Christina Hucke
unter Verwendung eines Fotos von © zefa
Layout: Tania Poppe
Lektorat: Waltraud Berz
Gesamtherstellung: Fuldaer Verlagsanstalt, Fulda
ISBN 3-8218-5898-2

Verlagsverzeichnis schickt gern:
Eichborn Verlag, Kaiserstraße 66, 60329 Frankfurt am Main
www.eichborn.de

Inhalt

Vorwort

Seit der ersten Auflage hat sich auf dem Arbeitsmarkt und bei den gesetzlichen Rahmenbedingungen einiges verändert, so dass ich dieses Buch überarbeitet habe.

Die Konkurrenz um vorhandene Arbeitsplätze, u.a. durch Kinderlose und/oder männliche Bewerber, hat sich verstärkt. Ebenso der Druck auf die Familie, weil immer mehr Familien von Arbeitslosigkeit bedroht werden. Da die bisherigen Alleinverdiener ebenfalls zunehmend um ihre Jobs fürchten müssen, bekommt die Erwerbstätigkeit von Müttern also einen anderen Stellenwert, wird als zusätzliche Stütze in den Familien gebraucht. Daneben gibt es die steigende Zahl an Alleinerziehenden, die ihren Lebensunterhalt sichern müssen. Und so kommt es für Frauen, die Kind und Beruf vereinen wollen, heute noch mehr darauf an, der Konkurrenz und den Arbeitgebervertretern auf der anderen Seite des Schreibtisches zu zeigen, was in ihnen steckt.

Denken Sie an den TV-Werbespot des Staubsaugerherstellers Vorwerk, in dem eine Hausfrau und Mutter auf einer vornehmen Party von einer Frau mit arrogantem Blick von oben bis unten gemustert und dann mit ironischem Unterton gefragt wird: »Und was machen Sie so beruflich?« Und dann die Antwort – mit ein wenig Zeitverzögerung, nachdem der innere Film den Alltag der Befragten als Mutter von drei Kindern gezeigt hat: »Ich? Ich führe ein kleines, sehr erfolgreiches Familienunternehmen.« Der Blick der antwortenden Frau ist stolz und die andere wendet sich ab, ein wenig erschrocken, denn eine solche Antwort hatte sie wohl nicht erwartet.

Der Werbespot macht deutlich, welche Stärken Frauen als Familienmanagerin haben, und letztlich sind es diese Stärken, die Sie benötigen werden, um die Kombination aus Kind und Beruf zum Erfolgsprojekt werden zu lassen.

Ich wünsche Ihnen dafür viel Erfolg!

PS: Leseanleitung

Bei der Überarbeitung dieses Buches habe ich mir darüber Gedanken gemacht, in welcher Phase ihrer Mutterschaft Frauen dieses Buch kaufen. Da das Buch viele Themen beinhaltet, die bereits zu Beginn der Schwangerschaft wichtig sind, möchte ich die Leserinnen, die bereits Mutter sind oder schon einige Jahre aus dem Berufsleben ausgestiegen waren, bitten, einfach die ersten Kapitel zu überschlagen und später einzusetzen. Oder Sie lesen das ganze Buch und erinnern sich so zurück an Ihre berufliche Strategie, die Sie wählten, als Sie im Job verkündeten, dass Sie schwanger sind. Das hätte den Vorteil, wieder einmal zu erkennen, welche Herausforderungen Sie bereits gemeistert haben und was alles hinter Ihnen liegt. Umso leichter schaffen Sie dann das, was nun vor Ihnen liegt.

Einführung

Liebe Leserin,

versetzen Sie sich bitte in folgende Gesprächssituation: Ihr Abteilungsleiter Müller ruft seinen Personalleiter Meier an und äußert folgenden Satz: »Die Schulze ist schwanger!« Unterstellen Sie, dass sich Personalleiter und Abteilungsleiter schon seit mehreren Jahren kennen und vertrauensvoll zusammenarbeiten.

Der Personalleiter hat nun zwei klassische Antwortmöglichkeiten: Entweder er entgegnet mit einem erschrockenen »Ach du Schande! … Und, will sie etwa aufhören?«, oder er antwortet mit beinahe gratulierendem Unterton: »Na, das hat doch die Richtige getroffen, wann ist es denn so weit?«

Erst danach steigen beide in das inhaltliche Gespräch darüber ein, ob Sie Elternzeit beantragen werden, wenn ja, wie lange, ob Sie Ihren alten Job weiter behalten wollen, ob Sie direkt nach der Mutterschutzfrist Vollzeit arbeiten, ob man eine Vertretung braucht, wer das sein könnte und so weiter. Ob Ihr Kind gesund sein wird und wie Ihre eigenen Überlegungen und Entscheidungen zu dieser Frage ausfallen werden, interessiert diese beiden weniger.

Sie haben sicher konkrete Vorstellungen darüber, wie es nun weitergehen soll. Das unemotionale, fast zynische Gespräch der beiden soll Ihnen klarmachen, dass Sie bei Ihren weiteren Planungen, Verhandlungen und Argumentationen nur Erfolg haben, wenn Sie zur ersten Kategorie gehören, nämlich zu den Unentbehrlichen, die man nicht gern gehen lässt.

Das heißt konkret: Sie haben nur dann Mitspracherecht, wenn Sie sich im Job einen Namen gemacht haben, über ein Fachwissen verfügen, das es auf dem Arbeitsmarkt im Moment nicht überall gibt, ein besonders gutes Verhältnis zu Ihrem Team und Ihrem Chef haben, sich in der Vergangenheit etwa durch bedeutende Projekte oder Verbesserungsvorschläge hervorgetan oder auf andere Weise positiv von Ihrer Arbeit überzeugt haben.

Gehören Sie, aus welchen Gründen auch immer, in die Kategorie »Gott sei Dank, dass wir die los sind«, dann wird sich Ihr Arbeitgeber auf das reine Gesetz zurückziehen, und das heißt:

Sie nehmen die gesetzliche Mutterschutzfrist von sechs Wochen vor und acht Wochen nach der Geburt und beantragen im Anschluss Elternzeit. Fragen Sie währenddessen allerdings nach einer Teilzeitbeschäftigung (möglich bis zu 30 Stunden pro Woche), wird man »leider, leider« und mit großem Bedauern keine Teilzeitmöglichkeiten für Sie sehen und dies im Zweifel auch inhaltlich mit betrieblichen Notwendigkeiten begründen – wozu der Arbeitgeber nach der Gesetzesreform ab 1.1.2001 übrigens verpflichtet ist. Ist Ihre Elternzeit dann zu Ende, wird man Ihnen eine »vergleichbare Tätigkeit« anbieten. Das muss nicht in derselben Abteilung und auch nicht dieselbe Tätigkeit sein, aber genau die gleiche Bezahlung und Arbeitszeit. Das war meistens – zu Ihrem jetzigen Nachteil – Vollzeit. Dann hofft der Arbeitgeber im Stillen, dass Sie diese Bedingungen nicht annehmen werden können, da Sie Ihr Kind – zumindest halbtags – betreuen müssen. Oder er kündigt Ihnen kurz nach Rückkehr an den Arbeitsplatz. Der Kündigungsschutz gilt nämlich nur während der Elternzeit, danach nicht mehr.

Manchmal hofft der Arbeitgeber auch still und heimlich auf das zweite Kind, denn dann werden Sie mit hoher Wahrscheinlichkeit so lange aussteigen, dass er Ihren Job wieder besetzen kann – dies gilt insbesondere für Vollzeitarbeitsplätze. Denn mit zwei oder mehr Kindern werden Sie vorerst wohl nicht voll berufstätig sein wollen.

Sie merken schon: Der Wiedereinstieg ins Berufsleben nach einer so genannten »Kinderpause«, der Elternzeit und wie die unpassenden Bezeichnungen noch so lauten, birgt ganz spezielle Hemmnisse.

Sicher, nach langer Arbeitslosigkeit gibt es auch viele Hürden zu überwinden, aber im Falle des Wiedereinstiegs nach der Familienzeit gibt es eine Besonderheit: Es handelt sich um Frauen, die wieder einsteigen wollen. Und mit diesem Wunsch ziemlich alleine stehen. Denn es gibt nicht viele, die sich darüber freuen:

Die Arbeitsmarktpolitik nicht, denn seit der gesetzlich ermöglichten Elternzeit konnten Arbeitsämter mit wachsender Begeisterung ein Sinken der Arbeitslosenzahlen um eine Million Arbeitsuchende allein zwischen 1990 und 1995 vermelden. Für die Statistik ist Elternzeit eine Wohltat.

Die Arbeitgeber freuen sich meistens auch nicht, denn in Zeiten, wo Arbeitsplätze abgebaut werden mussten und müssen, passt jede schwanger werdende Frau, die für drei Jahre zu Hause bleiben möchte, gut ins Konzept.

Die Familien freuen sich selten, denn wenn »Mutti« zur Arbeit geht (nachdem sie eine Weile zu Hause war), haben zunächst alle Nachteile. Der Haushalt wird mit weniger Aufwand und daher weniger perfekt organisiert, das Essen ist nicht immer zur gewünschten Zeit auf dem Tisch. Viele Pflichten werden plötzlich auf alle Beteiligten verteilt. Die Ehemänner haben sich häufig an die Bequemlichkeit gewöhnt, die es mit sich bringt, wenn sich einer voll verantwortlich um den Haushalt und die Kinder kümmert. Und erstaunlich oft spukt immer noch die fixe Idee vom »guten Mann, der seine Familie allein ernähren kann«, in ihren Hinterköpfen herum – sogar bei den jüngeren.

Und wenn Frauen es dann ganz schlicht und einfach doch wollen – das Berufstätigsein –, stellen alle die Frage nach dem Warum.

Allen voran die Schwiegermütter und eigenen Mütter. Da wird mit dem Verrohen und Verkommen der »armen Schlüsselkinder« gedroht. Nicht selten verschiebt diese Taktik des Schlechtes-Gewissen-Machens den Wiedereinstieg zeitlich nach hinten.

Auch die Solidargemeinschaft »Spielplatzmütter« oder andere Mütter im Kindergarten werden merkwürdig reagieren, wenn Sie eines Tages ankündigen, einen anderen Weg gehen zu wollen als diese, und plötzlich im Kostüm zum Kindergarten kommen, um Ihr Kind abzuholen.

Frauen von heute wollen am liebsten alles. Sie sind gut ausgebildet, wollen Familie und Beruf miteinander verbinden, vielleicht sogar Karriere machen. Sie haben nicht nur das traditionelle Bild der guten Mutter im Kopf, sondern Platz für verschiedene Vorstellungen: die gepflegte und verführerische Geliebte, die faire Partnerin, die fürsorgliche Mutter, die interessante Gesprächspartnerin, die intelligente Berufstätige.

Deshalb dieses Buch: Weil es sich lohnt, schon bei der Planung der Zeit nach der Geburt bestimmte Vorurteile und Realitäten zu berücksichtigen. Weil alle Frauen, die schwanger werden wollen, es bereits sind oder schon Kinder haben, einen Plan und eine Vorstellung davon haben sollten, wie ihr Berufsleben auf lange oder kurze Sicht weitergehen soll. Weil es sich lohnt, schon sehr rechtzeitig mit dem jetzigen Arbeitgeber in Verhandlungen zu treten, wie es nach der Mutterschutz-Zeit weitergeht. Weil es viele Hürden gibt, die genommen werden müssen, bevor Sie sich wieder bewerben und auf dem Arbeitsmarkt umsehen. Weil es viele Tricks und Tipps gibt, mit denen der Einstieg und die Bewerbung erfolgreich werden können.

Wer schreibt solch ein Buch? Eine Frau natürlich – wenn auch keine »Betroffene«. Ich bin seit 20 Jahren erfolgreich im Personalmanagement tätig, zwölf Jahre als Personalleiterin, seit vier Jahren selbstständig. Ich kenne also die andere Seite, weiß, wie Unternehmer und Personalleiter denken und wo ihre Befürchtungen und Erwartungen liegen. Und ich kenne auf der anderen Seite das Berufsleben als Frau mit all seinen speziellen Gegebenheiten ausführlich und aus unterschiedlichsten Unternehmenskulturen und Perspektiven.

Es wird hier vor allem darum gehen, Ihnen die Einstellung des Arbeitgebers zu vermitteln, gemeinsam hinter die Kulissen zu schauen. So mancher Vorschlag, so manche Argumentationskette wird Ihnen vielleicht zynisch und ein wenig direkt vorkommen. Bedenken Sie dabei immer, dass Sie in all den vor Ihnen liegenden Verhandlungen und im Verhalten am Arbeitsplatz immer eine Rolle innehaben: die der Arbeitnehmerin. Und um diese Rolle im Arbeitsleben geht es. Die wunderbaren Gefühle der Schwangerschaft und Mutterschaft, die Sinnlichkeit des Stillens, die tief empfundene Liebe zu Ihrem Baby, der totale Wandel zur Frage nach dem Sinn Ihres Lebens, die verschobenen Prioritäten: Das alles ist selbstverständlich da und soll auch in vollen Zügen genossen werden! Aber tun Sie dies lieber in der Umgebung, in dem Umfeld, wo diese Gefühle hingehören, wo sie liebevoll aufgenommen und wertgeschätzt werden – und das ist bedauerlicherweise nicht die Arbeitswelt.

Die Trennung dieser Welten sollte in jeder Auseinandersetzung mit Arbeitgebern und Vorgesetzten vollzogen werden, wenn Sie in der Rolle als berufstätige Frau ernst genommen werden wollen.

Schwanger – und nun?

Der Schwangerschaftstest ist positiv: Sie werden Mutter. Egal ob Sie den Wunsch danach schon immer eindeutig in sich und die Schwangerschaft bereits erwartet hatten oder aber ob Sie sich erst in den letzten Wochen Gedanken gemacht haben, ob Sie überhaupt Mutter werden wollen: Nun steht es fest und wird Konsequenzen für Ihr gesamtes weiteres Leben haben – auch für das Berufsleben.

Die Frage der Vereinbarkeit von Kind und Beruf stellt sich wohl für jede Frau. Eine (scheinbare) Unvereinbarkeit lässt nur zwei Möglichkeiten offen: Die Frau entscheidet sich, keine Kinder zu bekommen. Oder es steht für das Elternpaar fest, dass die Frau zu Hause bleibt und sich – zumindest für einige Jahre – um Kind und Haushalt kümmert. Nur 1,5 Prozent der »Erziehungsurlauberinnen« sind Männer; diese Zahl ist seit Jahren konstant und spricht für sich. Zum Positiven geändert hat sich seit Einführung der Elternzeit die Tatsache, dass Mütter und Väter gleichzeitig Elternzeit nehmen und dabei beide parallel jeweils bis zu 30 Stunden pro Woche Teilzeit arbeiten können. Dieses wird immerhin von 4,7 Prozent der Väter in Anspruch genommen. Wie lange die Väter zu Hause bleiben und wie viele Stunden sie pro Woche im Job sind, wurde hier leider nicht erfasst.

Natürlich kann auch eine Lösung gefunden werden, die beide Eltern von der Erziehungsarbeit entlastet – und eine Menge Geld kostet.

Wie Sie sich auch entscheiden und was immer Sie für Ihre weitere Berufstätigkeit planen: Es geht im Grunde nur um die eine zentrale Frage – unabhängig vom Wohl des Kindes: Was wollen Sie persönlich? Wie wollen Sie Ihr weiteres Leben gestalten? Welcher Weg wird Sie glücklich und zufrieden machen?

Lieben Sie Ihre Arbeit und wollen Sie sie beibehalten? Dann werden Sie gemeinsam mit Ihrem Arbeitgeber und Ihrem Mann eine Lösung finden, die alles vereinbaren lässt.

Haben Sie schon lange keine Lust mehr auf Ihren Job und üben Sie diesen nur als Überbrückung aus, bis Sie Mutter werden?

Dann werden Sie sich wahrscheinlich für die Rolle der Hausfrau und Mutter entscheiden und schauen, dass die Familie finanziell auch ohne Ihr Gehalt auskommen wird.

Würden Sie gern für einige Jahre Hausfrau und Mutter sein, reicht das Einkommen Ihres Mannes dafür aber leider nicht aus? Dann werden Sie über Teilzeit nachdenken und sich eine Zeitaufteilung wünschen, die Sie beide Rollen kombinieren lässt.

Lieben Sie Ihren Job, wollen aber – vielleicht als so genannte »Spätgebärende« – die erste Zeit der Mutterschaft und das Baby voll und ganz genießen? Dann werden Sie Elternzeit nehmen und während dieser gar nicht arbeiten, sondern sich ganz der neuen Aufgabe hingeben. So lange, bis die innere Stimme Ihnen zuflüstert, dass es an der Zeit ist, wieder aus dem Haus zu gehen.

Sich zu entscheiden, was man wirklich möchte, ist sicherlich sehr schwierig und wird häufig aus diesem Grund bis nach der Geburt hinausgezögert, was wiederum für den Arbeitgeber schwierig ist und ihn vor einige Probleme stellt.

Dabei können Sie alle diese grundsätzlichen Überlegungen bereits rechtzeitig und lange vor der Geburt des Kindes anstellen. Für die Beantwortung der Frage, was Sie selbst wollen und wie Sie Ihr Leben und das als Familie gestalten wollen, brauchen Sie das Baby nicht. Je eher Sie mit den Überlegungen bezogen auf Ihre Berufstätigkeit beginnen, umso besser ist Ihre Verhandlungsposition für Modelle, die Ihren Wünschen entsprechen.

Und je eher Sie sich im Klaren über Ihre Zukunft sind, umso besser können Sie Weichen stellen, eine Kinderfrau oder einen Krippenplatz finden. Die Monate der Schwangerschaft werden schnell vergehen – je eher Sie also beginnen, umso ruhiger können Sie es angehen lassen.

- Entscheiden Sie frühzeitig, wie lange beziehungsweise ob Sie überhaupt aus Ihrem Job aussteigen wollen.
- Entscheiden Sie, ob Sie von Beginn an beziehungsweise ab wann Sie Teilzeit arbeiten wollen.
- Planen Sie Ihren Finanzbedarf gemeinsam mit dem Vater des Kindes. Natürlich ist diese Frage für Alleinerziehende noch wichtiger, da neben dem Kindesunterhalt nur Ihr Einkommen zur Verfügung steht.

- Und gehen Sie frühzeitig in die Planung über die Beteiligung Ihres Partners an der Betreuung des Kindes. Das heißt konkret: Welche Zeiträume stellt er zur Verfügung, welche Pläne hat er hierzu? Wie passen Ihre beiden Vorstellungen zusammen?

Beantworten Sie sich diese Fragen alle so ehrlich wie möglich, denn die Antworten werden jeweils Konsequenzen nach sich ziehen, mit denen Sie persönlich klarkommen und für die Sie bezogen auf das Arbeitsleben Ihrem Arbeitgeber Rede und Antwort stehen müssen.

Erfolgreiche Verhandlungsführung über die berufliche Zukunft

Das Mutterschutzgesetz gestattet Ihnen theoretisch, ohne weitere Absprachen sechs Wochen vor der Geburt nach Hause zu gehen und acht Wochen nach der Niederkunft wieder aufzutauchen. Diesen Weg geht allerdings nur ein Prozent aller berufstätigen Frauen, die ein Kind bekommen. Alle anderen, nämlich 99 Prozent, müssen verhandeln, denn sie nehmen eine Auszeit, die Elternzeit – wenn auch mit unterschiedlicher Dauer.

Ganz interessant ist dazu der statistische Hintergrund aus dem »Bericht zur Elternzeit«, herausgegeben vom Bundesministerium für Familie, Senioren, Frauen und Jugend im Jahre 2004.

Hiernach haben es befragte Eltern in 87 Prozent der Fälle so geregelt, dass das Haupteinkommen vom Mann bestritten wird, in 65,8 Prozent der Fälle arbeitet er allein, in 21,2 Prozent der Fälle arbeitet er Vollzeit und die Frau Teilzeit. Nur in 0,8 Prozent der Fälle gelingt es Paaren, dass beide Teilzeit arbeiten, wobei sich dieses Modell 11,3 Prozent wünschen würden. 55,8 Prozent der Männer und Frauen wünschen sich übgrigens das Modell »Mann Vollzeit, Frau gar nicht erwerbstätig«.

Die verschiedenen Arten, Elternzeit im ersten und zweiten Lebensjahr des Kindes zu gestalten, verteilen sich wie folgt: 60,1 Prozent der Mütter sind in Elternzeit und nicht erwerbstätig. 32,3 Prozent der Mütter sind in Elternzeit und dabei in Teilzeit erwerbstätig. In 4,7 Prozent sind Vater und Mutter in Elternzeit und gleichzeitig in Teilzeit erwerbstätig und nur in 0,2 Prozent sind Väter in Elternzeit und dabei nicht erwerbstätig.

Die Bekanntgabe Ihrer Schwangerschaft

Es empfiehlt sich, so rechtzeitig wie möglich über die Zeit nach der Geburt zu sprechen und Ihren Arbeitgeber mit einzubeziehen – allerdings nie, ohne inhaltlich vorbereitet zu sein!

Legen Sie Ihrem Arbeitgeber nicht kommentarlos das »Problem Schwangerschaft« auf den Tisch. Arbeitgeber mögen keine Probleme, davon haben sie meist selbst genug. Sie können Ihrem Vorgesetzten durch gut vorbereitete Gesprächsführung die Angst vor Ihrer Schwangerschaft und den damit verbundenen Unannehmlichkeiten, Ausfällen, teurer Vertretung etc. nehmen. Was sich Arbeitgeber von schwangeren Frauen oder späteren Müttern wünschen, ist, dass das »Thema Kinderkiegen« sie nichts kostet und die Frauen weiterhin funktionieren.

Die inhaltliche Vorbereitung eines solchen Gesprächs gestalten Sie am besten durch die Beantwortung der Fragen im Kapitel *Dem Arbeitgeber Lösungsvorschläge anbieten.* Versuchen Sie bereits zum ersten Gespräch alle Unterlagen und Antworten bereit zu haben, selbst wenn Sie zur konkreten Diskussion erst in einem zweiten Termin kommen sollten – was durchaus passieren kann, denn Sie sollten Ihren Vorgesetzten auch nicht durch zu viel Perfektionismus überfordern. Dosieren Sie Ihre Überlegungen und Planungen so, dass er sich nicht überrumpelt fühlt. Stellen Sie Ihre Gesprächsführung auf die Situation ein, geben Sie ihm aber in jedem Fall schon erste Informationen (vgl. S. 24).

Wie weit Sie dann auf die weitere Gestaltung Ihres eigenen Arbeitsplatzes eingehen, entscheiden Sie ad hoc. Kommt es im ersten Gespräch noch nicht dazu, vereinbaren Sie gleich einen weiteren Termin für die nächste »Runde«. Und verabreden Sie diesen mit der Ankündigung, über was Sie sprechen wollen. Sagen Sie Ihrem Vorgesetzten, dass Sie sich etwa über eine Vertretungsmöglichkeit »schon ein paar Gedanken« gemacht und etwas vorbereitet haben. Und wenn er dann neugierig ist, dann gehen Sie ruhig gleich in die Detailfragen – umso wichtiger, dass Sie vorbereitet sind!

Grundsätzlich ist eine rechtzeitige und umfassende Gesprächsführung aus folgenden Gründen wichtig:

- Sie machen sich berechenbar und geben allen betroffenen Kollegen, zumindest aber dem Vorgesetzten, die Chance, diese Phase mitzugestalten, Ihnen nicht ausgeliefert und handlungsunfähig zu sein.
- Damit signalisieren Sie von vornherein, dass Sie an einem

guten Klima, an vertrauensvoller Zusammenarbeit und am Fortbestand der Leistungsfähigkeit Ihrer Abteilung interessiert sind.

- Das wiederum ist wichtig, weil ab dem Zeitpunkt der Bekanntgabe Ihrer Schwangerschaft ein anderes Phänomen im Arbeitsleben Einzug hält: die beunruhigte und skeptische Haltung allen Schwangeren gegenüber.
- Der erste Gesprächspartner im Betrieb sollte von daher unbedingt Ihr direkter Vorgesetzter sein, nicht die Lieblingskollegin, die Mittagstisch-Runde, der Betriebsrat oder der Personalbereich. Für das Vertrauen, das Sie später noch benötigen, ist es wichtig, diese Regel einzuhalten.
- Der Zeitpunkt des Gesprächs sollte so früh wie möglich sein, damit noch ausreichend Zeit zum Weichenstellen für alle Beteiligten bleibt. Das heißt: circa im vierten Monat, wenn die größte Gefahr einer ungewollten Schwangerschaftsunterbrechung gebannt ist. Eine Verkündung der Schwangerschaft und einige Wochen später das Zurückziehen derselben, weil Sie das Kind verloren haben, sollten Sie sich unbedingt ersparen. Der Arbeitgeber würde es Ihnen insofern zum Nachteil auslegen, als er davon ausginge, dass Sie ab jetzt »üben, bis es wieder klappt«. Insofern wird er Sie von interessanten Projekten, Gehaltserhöhungen oder Beförderungen ausschließen – was er natürlich nie zugeben, sich manchmal nicht einmal selbst eingestehen wird!
- Dennoch sollte dieses erste Gespräch so rechtzeitig sein, dass man noch nichts sieht, sodass Sie selbst die Kontrolle über die Situation behalten und nicht von Fragen der kumpelhaften Sprüchen nach dem Motto »Na, wann ist es denn so weit?« überrascht werden. Von dem Augenblick an wären Sie nämlich in der Verteidigungsrolle nach dem Motto »Ach, Herr Müller, ich wollte es Ihnen eigentlich erst nächste Woche erzählen ...« Damit wäre Ihre Glaubwürdigkeit verletzt und die Vertrauensbasis für die weitere Zusammenarbeit gestört.
- Das Mutterschutzgesetz (MuSchG) regelt die Bekanntgabe Ihrer Schwangerschaft gegen dem Arbeitgeber in § 5 wie folgt: Es besteht die Mitteilungspflicht, sobald Ihnen »der Zustand (der Schwangerschaft) bekannt ist. ... Auf Verlangen

des Arbeitgebers ist das Zeugnis des Arztes oder der Hebamme vorzulegen. Die Kosten dafür übernimmt der Arbeitgeber.« Hier steht ausdrücklich keine Frist oder Festlegung auf die Schwangerschaftswoche, also haben Sie theoretisch Zeit. Und Ihr Arzt unterliegt der ärztlichen Schweigepflicht, selbstverständlich auch Ihrem Arbeitgeber gegenüber. Sie brauchen also nichts zu befürchten, wenn Sie die Schwangerschaft erst im vierten Monat bekannt geben, obwohl Sie sie vielleicht schon in der sechsten Woche festgestellt haben.

Der Grund, warum viele Frauen diesen Schritt der Bekanntgabe einer Schwangerschaft so schwierig finden, liegt oft darin, dass sie meinen, gleich schon eine endgültige und verbindliche Aussage über die berufliche Zukunft treffen zu müssen. Dem ist aber nicht so, das erwartet kein Arbeitgeber von Ihnen, denn auch er weiß, dass Ihr Kind erst einmal geboren sein muss, bevor Sie sich endgültig festlegen können.

Sie wissen erst nach der Geburt, ob Ihr Kind gesund ist, ob es »pflegeleicht« ist, wie es Ihnen selbst geht, wie es sich wirklich anfühlt, mit dem Kind zu Hause zu sein. Und bis zur letzten Minute kann etwas schief gehen. Daher ermöglicht Ihnen das Gesetz recht flexibel, festzulegen, wie lange die Elternzeit dauern und wann sie beginnen soll.

Hierzu hat die aktuelle Gesetzesänderung im Bundeserziehungsgeldgesetz (BerzGG) weitere Erleichterungen für Eltern vorgesehen, die ab 1.1.2001 in Kraft getreten sind und für Kinder gelten, die nach diesem Stichtag geboren werden. Für Geburten ab 1.1.2004 oder Zweitanträge für Geburten ab 1.5.2003 wurden per Januar 2004 erneute Anpassungen im Gesetz vorgenommen.

Die gesetzlichen Regelungen im Überblick

Gemeinsame Elternzeit beider Elternteile

Beide Elternteile können gleichzeitig vom ersten Tag der Elternzeit bis zum dritten Geburtstag des Kindes Elternzeit nehmen und nicht mehr nur nacheinander wie früher. Dabei gelten als »Elternteile« inzwischen auch Lebenspartner oder andere Betreuungspersonen von im Haushalt lebenden Kindern sowie auch Pflegeeltern, die ein Kind in Vollzeitpflege betreuen und erziehen.

Die Beantragung der Elternzeit muss per schriftlichem Antrag zwei Wochen nach der Geburt des Kindes erfolgen, wenn sie direkt im Anschluss an die achtwöchige Mutterschutzfrist genommen werden soll. Dabei muss die Arbeitnehmerin erklären, für welche Zeiträume innerhalb von zwei Jahren die Elternzeit gewünscht wird. Legt sie sich auf eine bestimmte Phase der Elternzeit bis zum zweiten Geburtstag des Kindes fest, ist sie verbindlich daran gebunden, so das Gesetz. Wegen des jetzt möglichen flexiblen dritten Jahres (s. u.) empfiehlt es sich, zunächst nur die ersten zwei Jahre verbindlich zu verplanen. Der Antrag für das dritte Jahr muss vor Vollendung des 3. Lebensjahres des Kindes eingereicht werden.

Ein aktuelles Urteil des Bundesarbeitsgerichts vom Mai 2005 hat diese Vorgabe ein wenig aufgeweicht und festgelegt, dass die Arbeitnehmer durchaus im Laufe der Elternzeit ihre Arbeitszeit-Vorstellungen verändern dürfen, wenn nicht beim Arbeitgeber dringende betriebliche Gründe dagegen sprechen. Es wäre z.B. ein dringender betrieblicher Grund, wenn eine Zweijahres-Vollzeitkraft als Ersatz für die Mutter eingestellt wurde und diese ihre Arbeitszeit nicht reduzieren möchte und wenn es im Betrieb keine anderen, vergleichbaren Arbeitsplätze für die Arbeitnehmerin in Elternzeit gibt. Für größere Arbeitgeber wird dies schwierig zu belegen sein. Neu ab 1.1.2004 ist, dass die Verteilung von bisher vier auf nunmehr zwei Zeitabschnitte begrenzt wurde, damit ist man Arbeitgebern entgegengekommen. Da beide Elternteile Elternzeit beantragen können, können beide in ihrem Arbeitverhältnis jeweils zwei Zeitabschnitte nehmen, sich zum Beispiel abwechseln.

Flexibles drittes Jahr

Anspruch auf Elternzeit besteht grundsätzlich bis zum dritten Geburtstag des Kindes, soweit nicht ein Anteil auf die Zeit bis zum vollendeten achten Lebensjahr übertragen wird. Der auf später übertragene Anteil darf 12 Monate nicht überschreiten und bedarf der Zustimmung des Arbeitgebers. Lehnt der Arbeitgeber die Übertragung auf später ab, muss eine Begründung die Grenzen

»billigen Ermessens« berücksichtigen. Wechselt eine Arbeitnehmerin das Unternehmen und hatte einen Teil der Elternzeit auf die Zeit nach dem dritten Geburtstag ihres Kindes beim bisherigen Arbeitgeber übertragen, dann entfällt der Anspruch, denn der neue Arbeitgeber ist nicht an die Zustimmung des bisherigen gebunden.

Teilzeitarbeit während der Elternzeit

Jeder Elternteil darf während der Elternzeit bis zu dreißig Stunden pro Woche arbeiten. Die Aufnahme einer Teilzeittätigkeit bei einem fremden Arbeitgeber oder in selbstständiger Tätigkeit bedarf auch weiterhin der Zustimmung des eigentlichen Arbeitgebers. Verkürzt wurde die Antragsfrist für Teilzeitbeschäftigung: Möchte eine Mutter direkt im Anschluss an die Mutterschutzfrist – also acht Wochen nach der Geburt – ihre Arbeit mit reduzierter Wochenarbeitszeit wieder aufnehmen, dann beträgt die Antragsfrist sechs Wochen, verläuft also parallel zum Antrag auf Elternzeit.

Neu ist seit 2004 auch, dass der Beginn und der Umfang der gewünschten verringerten Arbeitszeit sowie die gewünschte Verteilung der Wochenarbeitszeit angegeben werden müssen. Einen Anspruch auf die Verteilung der verringerten Arbeitszeit hat die Arbeitnehmerin jedoch nicht. Der Antrag müsste also beispielsweise lauten, insgesamt 25 Wochenarbeitsstunden arbeiten zu wollen, und zwar an fünf Tagen die Woche jeweils fünf Stunden. Oder 24 Wochenstunden, verteilt auf drei Tage à acht Stunden, und zwar am liebsten Montag bis Mittwoch (weil z.B. der Vater Elternzeit für diese Tage beantragt und Donnerstag bis Samstag arbeiten wird).

Nach der Elternzeit haben Sie Anspruch auf die Arbeitszeit, die Sie vor der Geburt hatten. Haben Sie also Vollzeit gearbeitet, muss Ihr Arbeitgeber Ihnen wieder einen vergleichbaren Vollzeitarbeitsplatz zur Verfügung stellen. Möchten Sie auch nach der Elternzeit weiter in Teilzeit arbeiten, lesen Sie nähere Ausführungen dazu ab Seite 79.

Vor diesem Hintergrund können Sie Ihre grundsätzlichen Entscheidungen für sich und Ihre Familie auch bereits vor der Geburt treffen, denn nach Aussage von Müttern »ist man zwei Wochen nach der Geburt genauso schlau wie vorher«. Das Einzige, was Sie meist sofort wissen, ist, ob das Kind gesund ist. Alles andere wird sich erst im Verlauf der ersten Monate zeigen.

Was Sie Ihrem Chef jedoch im ersten Gespräch deutlich machen sollten, ist Folgendes:

- Ihn darüber in Kenntnis setzen, dass Sie schwanger sind und wann der voraussichtliche Entbindungstag ist.
- Ihm mitteilen, dass es Ihnen gut geht, Sie zur Zeit davon ausgehen, eine gesunde Schwangerschaft zu verleben, und ihm von daher bis zum Datum sechs Wochen vor der Entbindung zur Verfügung stehen. Sie können ihm bereits mitteilen, wann die offizielle Mutterschutzfrist beginnt, beziehungsweise die Bescheinung vom Arzt vorlegen.
- Dann klären Sie die offene Frage des bestehenden Urlaubsanspruchs für das begonnene Kalenderjahr: Wollen Sie diesen Urlaub noch vor Beginn der Mutterschutzfrist nehmen oder stehen lassen, bis Sie aus der Elternzeit zurückkommen? Hier würde ich Ihnen raten, dem Arbeitgeber die Entscheidung zu überlassen – so kann er noch besser planen.
- Sie können sich auch schon in diesem Gespräch über die Zukunft nach der Geburt äußern und sollten dies tun, sofern Ihre Planung schon steht.
- Wenn Sie sicher sind, dass Sie nach Ablauf der gesetzlichen Mutterschutzfrist von acht Wochen oder nach einer übersichtlich kurzen Pause gleich wieder arbeiten wollen, dann teilen Sie dies so rechtzeitig wie möglich mit, denn von dieser Aussage hängt die Qualität der erforderlichen Vertretung ab.
- Wenn Sie allein erziehend sind, aus wirtschaftlichen Gründen weiterarbeiten müssen oder die Haupternährerin der Familie sind, dann stehen diese Rahmenbedingungen ja bereits fest und werden sich auch durch Ihre Schwangerschaft und Mutterschaft nicht ändern. Dann lassen Sie Ihren Arbeitgeber dies auch wissen, damit er weiterhin mit Ihnen rechnet und nur für eine kurze Vertretungszeit sorgen muss.
- Wollen Sie bereits in der Elternzeit Teilzeit arbeiten (bis 30 Stunden pro Woche sind gesetzlich erlaubt), so äußern Sie auch diesen Wunsch so rechtzeitig wie möglich, denn auch dies spielt eine Rolle für die Entscheidung über die Art Ihrer Vertretung.

Bedenken Sie, dass die Entscheidung darüber, wer Ihre Arbeit in Ihrer Abwesenheit erledigt, im Wesentlichen von der Qualität Ihres Jobs, aber auch von der Dauer Ihrer Abwesenheit abhängt. Für kurze Zeiträume findet man eine Überbrückung auch häufig darüber, dass Kollegen und der Chef sich Ihre Aufgaben teilen und vorübergehend die Mehrarbeit in Kauf nehmen. Für eine längere Pause wird man eine Aushilfe oder sogar eine befristete Dreijahreskraft einstellen, die über das gleiche Know-how verfügt wie Sie selbst.

Ist Letzteres der Fall, schaden Sie Ihren eigenen Rückkehr-Chancen, denn Sie sind dann um einiges entbehrlicher geworden.

Dem Arbeitgeber Lösungsvorschläge anbieten

Wenn Sie über die detaillierte Umsetzung der Vertretung oder Überbrückung mit Ihrem Chef sprechen, vor allem, wenn Sie nur eine kurze Pause einlegen oder in Teilzeit weiterarbeiten wollen, dann bieten Sie ihm konkrete Lösungsvorschläge an.

Ihr Arbeitgeber wird umso verbindlicher, konstruktiver und kooperativer auf Sie und Ihre Vorstellungen und Bedürfnisse eingehen, je mehr Sie gedanklich vorgearbeitet haben.

Sie werden sehen: Kommen Sie mit einem Plan in der Hand zu Ihrem Vorgesetzten und legen ihm diesen auf den Tisch, wird er (vor allem wenn er männlich ist) »Bauklötze staunen«. Denn eine so strukturierte Vorgehensweise kennt man bis heute leider nur in extrem seltenen Fällen! Lediglich für weibliche Vorgesetzte, die selbst Mütter sind, ist diese Vorgehensweise keine Überraschung, denn sie haben diese Phase meist selbst hinter sich und kennen die Vorüberlegungen und Planungen, die man als werdende Mutter anstellt. Bei diesen Chefinnen ist sogar eine besonders detaillierte Planung angebracht, denn Sie werden aufgrund ihrer vorhandenen Erfahrungen sehr kritisch befragt werden, was Notfallpläne und Vertretungen anbelangt.

Würden alle schwanger werdenden berufstätigen Frauen nach der im folgenden dargestellten Systematik verfahren, könnten sie den Arbeitsmarkt von einem großen Vorurteil befreien und allen damit werdenden Müttern im Job auf lange Sicht helfen.

Tätigkeitsbeschreibungen und Vertretungspläne erstellen
Verschaffen Sie sich einen Überblick über Ihre Tätigkeit und erarbeiten Sie sich die Antworten auf die nachstehenden Fragen für Ihren Arbeitslatz Stück für Stück.

Die Einzelbestandteile Ihrer beruflichen Tätigkeit

- Welche Aufgabeninhalte, Sitzungen, externe Termine, welches Telefonaufkommen oder wie viele Kundenkontakte haben Sie?
- Wann finden die einzelnen Bausteine statt? An welchen Wochentage und zu welchen Uhrzeiten?
- Gibt es auffällige Häufungen und Zeiten, wo es so ruhig ist, dass Sie auch weg sein könnten, ohne dass es auffällt?
- Welche Schreibtischzeiten haben Sie und wofür benötigen Sie diese genau?
- Was davon können Sie auch außerhalb des Büros oder außerhalb von Öffnungszeiten erledigen?
- Was davon könnte eine andere Abteilung oder Kollegin erledigen?
- Was geht online – von zu Hause aus?
- Welche Arbeiten können Sie allein und still für sich erledigen und welche Arbeitsschritte sind von anderen abhängig?
- Muss die Erledigung vor Ort am Arbeitsplatz geschehen, geht es auch am Wochenende oder sind Räumlichkeiten, Werkzeuge etc. dann eingeschlossen und nicht zugänglich?
- Sind Sie in Ihrer Arbeit an anderer Leute Vorarbeit gebunden, so dass Sie deren Ergebnisse immer erst abwarten müssen, und ist dies auf bestimmte Tage oder Tageszeiten begrenzt?

Ihre Kunden und Geschäftspartner

- Gibt es persönliche Kunden, die nur von Ihnen bedient oder beraten werden wollen?
- Kann die Anzahl der nur von Ihnen betreuten Kunden verringert werden?
- Welche Kollegen könnten vorübergehend einspringen, mit welchem Kunden geht es, mit welchem nicht?
- Müssen die Kunden persönlich betreut werden oder geht es auch telefonisch?

- Ist der Kundenkontakt auch nach Feierabend oder am Wochenende möglich?
- Kann man das vielleicht sogar für den Arbeitgeber als attraktiven Sonderservice vermarkten?
- Gibt es Kunden, die nur Ihretwegen zu Ihrem Arbeitgeber kommen und dem Arbeitgeber sonst verloren gingen?
- Um wie viele und welche Kunden handelt es sich genau?
- Wann können Sie diese alternativ bedienen? Kann man die Zeiten im Kalender zusammenlegen, sodass ein Tag pro Woche beispielsweise für Spezialkunden von Ihnen und bei Ihnen reserviert wird?
- Würden diese Spezialkunden vielleicht auch zu außergewöhnlichen Zeiten kommen?
- Lohnt es sich für Ihren Arbeitgeber, den Laden dafür sogar generell länger zu öffnen und abends mit Ihnen zu besetzen?

Die Möglichkeit der Vertretung durch andere

- Welche Kollegen haben ein ähnliches Know-how wie Sie und was könnte wer übernehmen?
- Könnten Sie im Gegenzug einen Teil der Arbeit Ihrer Kollegin erledigen, den Sie von zu Hause oder außerhalb der Bürozeiten erfüllen könnten?
- Wen Ihrer Kollegen könnten Sie sich für welches Projekt vorstellen?
- Wer kann mit welchem Kunden umgehen? Wenn Sie mehrere Kollegen haben, dann kann die Arbeit in kleinen Häppchen auf so viele Köpfe verteilt werden, dass Einzelne nicht überlastet werden müssen.
- Welche Tätigkeiten können nur Sie persönlich ausüben?
- In welchen Projekten stecken nur Sie drin, welches Thema lebt nur durch Sie persönlich?
- Was kann auf die Zeit nach Ihrer Rückkehr vertagt werden?
- Was eilt und ist laufende Arbeit, die taggleich erledigt werden muss beziehungsweise aktuell oder an Termine gebunden ist?
- Welche Mengen stehen in Stunden oder Stück hinter den einzelnen Punkten?

Systematische und übersichtliche Zuordnung der bisherigen Antworten/Daten

- Fertigen Sie sich danach eine Übersicht, ein Schaubild darüber,
- wer was erledigen könnte,
- für welchen Zeitraum insgesamt und
- an welchen Tagen oder zu welchen Zeiten,
- für welche Aufgabenbestandteile und wie viele Stunden/Tage/Monate Ihrer Meinung nach eine neue Kraft eingestellt werden müsste.
- Vor allem aber legen Sie fest, was Sie selbst behalten und wann und wie Sie diese Arbeiten bewerkstelligen wollen.

Erstellung einer Arbeitszeitstruktur

- Danach entwerfen Sie sich nach den oben abgeleiteten Bedürfnissen eine Arbeitszeitstruktur und legen fest,
- was Sie von zu Hause aus erledigen könnten,
- in den Abendzeiten,
- am Wochenende,
- welche Tätigkeiten unbedingt vom Büro oder Laden aus gemacht werden müssen,
- für welche Zeiträume Sie eine Kinderbetreuung einrichten müssen,
- wie diese aussieht, wer es sein könnte und welche Kosten Sie dafür planen müssen.

Auch die Lösung der beiden letzten Fragen liegt durchaus im Arbeitgeberinteresse, denn sie ist Voraussetzung dafür, dass Sie wirklich effektiv berufstätig sein können. So übernehmen Sie selbst die Verantwortung für Ihren Job und machen deutlich, dass Ihr Arbeitsplatz Ihnen nicht plötzlich egal ist und Sie ihn so schnell nicht aufgeben werden. Und noch einmal: Es ist unerheblich, ob später alles hundertprozentig so läuft wie geplant, vieles kann man einfach nicht vorher einschätzen, geschweige denn voraussehen. Wichtig ist, dass Sie überhaupt einen Plan machen und der neuen Lebenssituation einen Rahmen vorgeben.

Ich höre förmlich, wie manche Leserin sich fragen wird, ob es nicht eigentlich der Job ihres Chefs sei, sich den Kopf zu zerbrechen und Verantwortung zu übernehmen. Sie haben Recht, aber was nützt es Ihnen? So haben Sie es in der Hand und unter Kontrolle und er wird fast gezwungen, sich auf Ihre Vorschläge einzulassen. Informieren Sie ihn hingegen von Ihrer Schwangerschaft ohne Plan, dann riskieren Sie, dass er eventuelle heimliche Pläne wahrmacht und entweder Ihre Stelle streicht, sie anderweitig vergibt, einem Kollegen schon lange einen Gefallen tun und dessen Geliebte einstellen oder seine Schwägerin als Aushilfe beschäftigen wird. Oder Ihnen die Teilzeittätigkeit während der Elternzeit verwehrt, sodass Sie sich einen neuen Job suchen müssen. Und Sie vergeben die Chance, aus einer bisherigen Vollzeitbeschäftigung eine flexible Regelung für die Zukunft herzustellen, die auch nach Ende der Elternzeit tragen kann. Denkt man an diese realistischen Wahrscheinlichkeiten, halte ich es doch für besser, wenn Arbeitnehmerinnen selbst nachdenken und sich mit ihrer Tätigkeit auseinander setzen.

Diese Form der Job-Beschreibung ist übrigens unabhängig von der Position möglich. Ob Sie im Einzelhandel, im Büro, in der Bank oder Versicherung, als Friseurin, Krankenschwester, Meisterin in Industrie oder Handwerk, als Managerin im Großunternehmen oder als Floristin im Dreimann-Betrieb tätig sind – Sie können jeden Job in Einzelteile zerlegen.

Sie kennen Ihren Arbeitsplatz und die Verteilung der Arbeitsinhalte besser als jeder andere, und das ist im Moment Ihr Kapital, wenn Sie mit Ihrem Arbeitgeber über die Zeit nach der Geburt verhandeln.

Bedenken Sie, dass Sie für diesen Schritt einige Wochen Selbstbobachtung benötigen werden, bevor die strukturierte Übersicht steht.

Und sprechen Sie nicht mit Ihrem Vorgesetzten über Ihre Schwangerschaft, bevor Sie nicht mit der Ausarbeitung fertig sind. Sie brauchen diesen zeitlichen Vorsprung, sonst entscheidet der Arbeitgeber für Sie, weil er vielleicht schon andere Pläne für Ihren Job im Hinterkopf hat, und das muss, wie gesagt, nicht zu Ihrem Vorteil sein!

Kind und Karriere

Wenn Sie sich als Frau zur beruflichen Karriere und Übernahme von Führungsverantwortung entschieden haben, so richtig durchstarten wollen oder es bereits getan haben, dann lesen Sie dieses Kapitel besonders aufmerksam.

Mögliche Modelle

Schaut man sich die in der Öffentlichkeit stehenden Vorzeige-Karrierefrauen in Deutschland an, dann

- haben sie entweder keine Kinder,
- haben mehrere Kinder und sind Politikerin mit einem Ehemann, der zu Hause oder Teilzeit-Professor ist, oder sie
- haben Kinder, sind aber nur in den gesetzlich vorgeschriebenen acht Wochen des Mutterschutzes »offiziell« vom Arbeitsplatz ferngeblieben und haben dann gleich weitergemacht und das Kind in fremde Hände gegeben.

Letzteres ist in Deutschland teuer und bedingt, dass Sie eine bestimmte Karrierestufe (das heißt vor allem Gehaltsstufe) erreicht haben, bevor Sie es sich leisten können, eine Ganztagesmutter zu sich nach Hause zu holen oder ein Kindermädchen einzustellen oder auf das Gehalt Ihres Partners zu verzichten.

Die preiswertere Variante ist im deutschen Familiensystem die Kinderkrippe, die auch schon Babys aufnimmt, aber die Öffnungszeiten sind hier meistens nicht so flexibel, wie es für Ihre Bedürfnisse erforderlich sein wird.

Die Familie mit einzuspannen, von »Oma« über den Ehemann, der zum Hausmann wird oder schon Rentner ist – verschiedene Modelle sind denkbar. Welches Sie für akzeptabel halten und welches auf Sie persönlich passt, ist Ihre Entscheidung, und die wird Ihnen schwer genug fallen, denn eins sollten Sie gleich wissen: Eine wirklich überzeugende Lösung gibt es für Karrierefrauen (in Deutschland zumindest bisher) nicht.

Planung der Schwangerschaft – geeigneter Termin aus Karrieresicht

Die Planung einer Schwangerschaft ist ein im Grunde unnatürliches Unterfangen und Ihnen wahrscheinlich viel zu kopfgesteuert, aber einige Überlegungen lohnen sich aus Sicht der Arbeitswelt schon.

Immer vorausgesetzt, Sie können noch planen, dann tun Sie es vor dem Hintergrund der Frage, wann Sie die beste Verhandlungsposition innehaben. Denn die brauchen Sie, wenn Sie nicht nach acht Wochen wieder am Schreibtisch, im Projekt, Krankenhaus, in Ihrer Praxis, Kanzlei oder wo auch immer sein wollen.

Erarbeiten Sie sich einen guten Ruf in Ihrem Unternehmen oder auch bei Ihren Kunden. Machen Sie sich durch Fachwissen, besondere Projekte, Rationalisierungsvorschläge, deren sozialverträgliche Umsetzung und gute Öffentlichkeitsarbeit in eigener Sache so gut wie unentbehrlich. Dafür benötigen Sie bei einem Unternehmenswechsel oder eigener Unternehmensgründung je nach Branche und Unternehmensgröße zwei bis drei Jahre. Die brauchen Sie allein schon, um sich ein Netzwerk aufzubauen, das Sie trägt, und um gute Kontakte und Drähte zu anderen Entscheidungsträgern zu pflegen.

Vor diesem Hintergrund wird zumindest für das klassische Wirtschaftsleben eine »mathematische« Grundregel deutlich, die Sie mit Ihrem Lebensalter in Zusammenhang stellen sollten: Sie brauchen eine Position, in der Sie Mutter werden, die Sie insgesamt rund sechs Jahre aushalten und wahrnehmen können und wollen. Zwei bis drei Jahre zum Imageaufbau und Unentbehrlichmachen, dann das Kind. Von der Geburt an benötigen Sie etwa weitere zwei bis drei Jahre bis zum nächsten Wechsel. Erstens haben Sie dann die pflegeintensivsten Jahre mit Ihrem Kind in sicherem Fahrwasser hinter sich gebracht. Sie haben Ihren Job unter Kontrolle und verfügen über eine gewisse Hausmacht, um auch einmal Sonderregelungen für sich in Anspruch oder eine Auszeit nehmen zu können.

Zweitens empfiehlt es sich, die nächste Bewerbung (auch wenn sie über den Headhunter geht) erst dann zu starten, wenn das Kind aus dem Baby-Alter heraus ist, denn so nimmt Sie der nächste Arbeitgeber besonders gern. Er möchte am liebsten, dass Sie schon einmal bewiesen haben, dass es »trotz Kind« keine Probleme mit Ihnen gibt und Sie weiterhin eine hoch qualifizierte Top-Kraft sind. Und das hätte er gern von einem anderen Arbeitgeber durch ein ungekündigtes Beschäftigungsverhältnis bestätigt.

Werden Sie also möglichst nicht dann Mutter, wenn Sie gerade beschlossen haben, sich ein anderes Unternehmen zu suchen. Das passt schlecht.

In welcher Karrierephase werden Sie Mutter?

Für die Frage der Arbeitszeitgestaltung nach der Geburt kommt es auf Ihr Lebensalter und die Hierarchiestufe an, auf der Sie Mutter werden:

Sind Sie **schon ganz oben**, kann Ihnen nicht viel passieren. Dann müssen Sie in erster Linie etwas für Ihr Image tun und darauf achten, dass Sie weiterhin fachlich anerkannt und nicht in eine abwertende Frauenecke gestellt werden. Die Revierverteidigung ist das zweite Hauptthema, um das Sie sich werden kümmern müssen (mehr dazu im nächsten Abschnitt). Ansonsten haben Sie aufgrund Ihrer Position die größten Freiheitsgrade und Entscheidungsspielräume.

Sind Sie **noch ganz am Anfang** Ihres Berufsweges, haben Sie meistens auch den Vorteil, noch deutlich unter Dreißig zu sein. So wird Ihr Kind beim übernächsten Karriereschritt, wenn Sie Abteilungs- oder Bereichsleiterin – oder etwas Vergleichbares in anderen Branchen – sind, ein Alter erreicht haben, bei dem Sie niemand mehr danach fragt, wie Sie das Familienleben regeln. Dann haben Sie durch viele Jahre belegt, dass Berufstätigkeit kein Problem für Sie und Ihr Kind ist.

Unter diesen Umständen stellt sich allerdings schnell die Frage nach dem zweiten Kind. Wenn Sie ein weiteres oder auch mehrere Kinder wollen, dann aus Sicht der Arbeitgeber am besten schnell hintereinander, damit beide gleich schnell groß sind. Und danach haben Sie den Vorteil anderen Frauen gegenüber, »bestimmt« keine Kinder mehr bekommen zu wollen, werden also ein »kalkulierbares Risiko« bei Beförderungsfragen.

Je nachdem wann Sie Ihren nächsten Karriereschritt planen, sollten Sie die Zeiträume der Elternzeit oder der Teilzeitbeschäftigung danach ausrichten – im Zweifel gilt aber auch für Sie: Auszeiten so kurz wie möglich halten.

Wenn Sie **in der Mitte Ihrer beruflichen Karriere** stehen, also im mittleren Management beispielsweise, ist die Beantwortung der Frage am schwierigsten. Sie werden um die Mitte Dreißig sein, das heißt, Ihre Planungen müssen auch schon die bevorstehende magische Vierzig mit ins Kalkül ziehen, ab der ein Unternehmenswechsel deutlich schwieriger wird. In Ihrer Situation spielt die Revierverteidigung die größte Rolle, denn in Ihrer Lage gibt es die meisten Konkurrenten. Sie werden besonders daraufhin überprüft werden, wie »ernst« Sie es mit der Karriere und der Abwägung zwischen Beruf und Familie wirklich meinen.

Haben Sie beschlossen, nach der Kinderzeit sowieso die Firma zu wechseln und hier keinen nächsten Schritt machen zu wollen, brauchen Sie nicht so viel Rücksicht zu nehmen. Ansonsten gilt: sich als berechenbare Mitarbeiterin aufstellen und am Ball bleiben, damit Sie nicht für Gehaltsrunden, bei der Vergabe von Projekten oder bei Beförderungsüberlegungen übergangen werden.

Zwei Hauptstrategien verfolgen

Unabhängig davon, in welcher Phase Ihrer Karriere Sie schwanger werden, müssen Sie in der Hauptsache zwei Strategien verfolgen:

- Sie sollten darauf achten, Ihr Feld weiterhin besetzt zu halten, Ihr Revier zu verteidigen und Grenzen abzustecken, und
- Sie sollten Ihr karriereförderliches Erfolgsimage pflegen.

Revierverteidigung und Grenzen abstecken

Bei aller Kollegialität – gehen Sie davon aus, dass es jede Menge Männer in vergleichbaren Positionen oder in der Ebene unter Ihnen geben wird, die sich »riesig für Sie freuen« und versuchen werden, Sie mit Beginn der Schwangerschaft in die Frauenecke zu drängen. Kollegen, die mehr oder weniger deutlich darauf hoffen werden, dass Sie jetzt »endlich doch normal werden« und bitte schön Ihre »wahre Frauenrolle« einnehmen mögen. Und damit meinen sie, dass Sie den Kollegen Platz machen sollen.

- Vorsicht also vor allen Angeboten, Sie zu vertreten, Ihre Abteilung während Ihrer Abwesenheit zu führen, Ihre Erfolg versprechenden Projekte oder Ihre persönlichen Kunden »schon mal langsam zu übernehmen« und so weiter. Behalten Sie die Kontrolle und geben Sie daher erst bekannt, dass Sie schwanger sind, wenn Ihr Plan steht.

- Erforderlich ist die Überprüfung technischer Möglichkeiten, das heißt zu checken, was Sie von zu Hause über ISDN, online, per Handy erledigen können, welche Termine Sie wahrnehmen werden und wofür Sie selbst verantwortlich bleiben wollen.
- Die Vertretung innerhalb Ihres Teams, Ihres Bereichs, Ihres Unternehmens, was immer Sie leiten, übertragen Sie der Person, die Ihr größtes Vertrauen genießt. Sie sollte jemand sein, der auf keinen Fall Ihren Job möchte – sicher ist sicher. Und jemand, der Ihnen gegenüber hundertprozentig loyal ist und mit dem Sie persönlich gut zusammenarbeiten können, denn er wird Ihr Kontaktmann (oder Ihre Kontaktfrau) sein, während Sie im Krankenhaus oder Wochenbett beziehungsweise beim Stillen zu Hause sind. Bei der Auswahl Ihrer Vertretung sollte auch Ihr Vorgesetzter einbezogen werden. Nur wenn er mit Ihrer Wunschperson »gut kann«, wird das Image Ihrer Abteilung während Ihrer Abwesenheit nicht leiden; wenn die beiden sich allerdings bekämpfen, werden Sie am Ende den Preis bezahlen und eine Menge wieder gutmachen müssen. Geben Sie Ihrem Chef das Gefühl, mit entschieden zu haben.

Karriereorientierte Imagepflege

Besonders für Karrierefrauen ist es wichtig, auch während der Schwangerschaft so »business-like« wie möglich zu bleiben, das heißt, alle Eigenschaften, wegen derer Sie es so weit gebracht haben, weiter zu pflegen und zu demonstrieren. Das wird Ihnen wahrscheinlich noch schwerer fallen als sonst, weil Sie eigentlich vom Körper her mit ganz anderen hormonellen Signalen versorgt werden, aber halten Sie das Schauspiel durch.

- Je nach Branche und Umfeld empfehle ich Karrierefrauen, gegen Ende der Schwangerschaft bereits von zu Hause zu arbeiten, bestimmte Termine nicht mehr wahrzunehmen. Es passt nicht zum durchsetzungsstarken Power-Image, wenn

Sie im »Entengang« den dicken Bauch vor sich her tragen und ihn kaum noch unter die Tischplatte im Besprechungsraum bekommen, wenn Sie schnell außer Atem sind und kaum sitzen können. Das klingt vielleicht bitter, aber Schwangerschaft ist eben auch etwas extrem Weibliches und Sinnliches, was beides die Karriere von Frauen nicht fördert.

- Ich kenne aus eigener Anschauung reichlich zynische und verletzende Bemerkungen von Männern in der Führungsetage, die darauf abzielen, die Kompetenz von Schwangeren in Frage zu stellen und den Unterschied zwischen Mann und Frau zum eigenen Vorteil hervorzuheben. Die werden natürlich alle erst gebracht, wenn die werdende Mutter selbst aus dem Raum ist.
- Und schauen Sie sich einmal um: Es gibt weder im Film noch im wirklichen Leben Frauen, die im letzten Drittel der Schwangerschaft mit kugelrundem Bauch eine Gerichtsverhandlung führen, eine Präsentation vor Kunden halten, referieren, in der Bank Privatkunden beraten oder etwas anderes wirklich »Bedeutendes« tun. Wollen Sie die Erste sein? Möchten Sie in jeder Besprechung als Erstes besorgt gefragt werden, »wann es denn so weit« sei? Diese Frage beschäftigt Männer im Berufsleben häufiger, als man denkt; sie befürchten wohl unterschwellig, Ihre Fruchtblase könnte platzen und sie müssten die Rolle des Geburtshelfers übernehmen. Wir sollten uns vorhandene Probleme einmal in schonungsloser Offenheit anschauen, sie benennen und Strategien dafür entwickeln, wie jede einzelne Betroffene für sich das Beste daraus macht. Für das Berufsleben empfehle ich dringend, realistisch zu bleiben.
- Rechnen Sie generell damit, dass Ihre Schwangerschaft und die damit verbundene sichtbare Körperlichkeit ein Thema werden wird. Auch – oder gerade – wenn Sie vorher ein eher zurückhaltender Typ waren, was persönliche Themen anbelangt, scheint eine Schwangerschaft eine Aufforderung zum Persönlichwerden (bis hin zum vertraulichen Bauch-Tätscheln) zu sein. Eine Kollegin drückte es mir gegenüber einmal so aus: »Zu Beginn der Meetings sehe ich förmlich, wie die Kollegen sich vorstellen, wie es zu diesem dicken Bauch wohl gekom-

men ist. ... Ich fühle mich mit wachsendem Umfang immer nackter und ungeschützter.« Bauen Sie sich ein unsichtbares Schutzschild um sich herum! Sollten Sie durch diese plötzliche, ungewollte und befremdliche Nähe aus dem Konzept kommen, suchen Sie sich einen Coach, eine Trainerin, mit der Sie speziell für diese Situation die geeigneten Antwortstrategien üben, damit Sie damit besser umgehen können.

- Besonders für Karrierefrauen gilt in Kleidungsfragen: so wenig weiblich wie möglich! Bleiben Sie beim Business-Stil oder was zu Ihrer Position bisher gepasst hat. Es werden teure sechs Monate werden, denn karrierefördernde Schwangerschaftskleidung findet man selten; manche Frauen weichen daher kurzfristig auf Herrenkleidung aus, wenn es zum Typ passt.
- Wenn Sie bereits während der Stillzeit wieder mit der Arbeit beginnen und sich beispielsweise das Kind ins Büro bringen lassen, um dort zu stillen, nutzen Sie einen Raum möglichst außerhalb des Gebäudes oder einen diskreten Platz irgendwo weit weg von Ihrem Büro, wo Sie niemand sehen oder stören kann. Mit dem Kind an der Brust oder mit dem Baby im Arm gesehen zu werden löst ebenfalls eher karrieremindernde Assoziationen aus. Trennen Sie auch hier deutlich sichtbar Ihre beiden Rollen Mutter und Karrierefrau.

Teilzeit und andere Modelle

Auf Dauer Teilzeit zu arbeiten, sobald Sie erst einmal Mutter sind, halte ich persönlich aus Arbeitgebersicht kaum für möglich, wenn Sie weiterkommen wollen. Wenn Sie es schaffen, Geschäftsführerin im Jobsharing zu sein und damit gleichermaßen ernst genommen zu werden wie die Vollzeitkollegen auf gleicher Ebene, ist es schön, aber solche Regelungen gibt es bisher nur auf individueller Basis und ausgesprochen selten. Die betriebliche Realität, Stellenanzeigen und Angebote von Headhuntern spiegeln die Chance einer Teilzeitkarriere nicht wider. Daher meine Empfehlung, beim alten Arbeitgeber eine Zeit zu verweilen und dort die Teilzeit in Anspruch zu nehmen oder Arbeit nach Hause zu verlagern.

Beim nächsten Arbeitgeberwechsel müssen Sie für die ersten Jahre wieder von Vollzeitbeschäftigung ausgehen, demnach muss die gesamte häusliche Organisation entsprechend ausgelegt sein.

Ausnahmen bieten nach meiner bisherigen Erfahrung der Öffentliche Dienst, die Selbstständigkeit, die Wissenschaft und einige große Unternehmensberatungen im Ansatz.

Ausnahmen von Vollzeit sind in Einzelfällen auch möglich, wenn Mütter im Betrieb sich zusammentun und ihre Arbeitszeitgestaltung selbst in die Hand nehmen. In kleineren Betrieben ist dies relativ einfach, denn man kennt sich und weiß, in welcher Abteilung andere Betroffene tätig sind, mit denen man sich eine Vollzeitstelle teilen könnte. In Großunternehmen empfiehlt es sich, die Personalabteilung oder den Betriebsrat nach weiteren Namen zu befragen. Denkbar wäre auch ein Aushang am schwarzen Brett, der zunächst nur den harmlosen »Erfahrungsaustausch« zum Ziel hat. Kennen Sie dann erst die Namen der anderen schwangeren Kolleginnen, schauen Sie, ob jemand dabei ist, die eine ähnliche Tätigkeit ausübt wie Sie selbst, sodass es inhaltlich möglich wäre, aus zwei Jobs einen zu »basteln«. Dies ginge im Controlling, als Assistentin, im Bankgeschäft, in zahlreichen anderen gehobenen Positionen, wo die direkte Führungsverantwortung für Mitarbeiter nicht im Vordergrund der Tätigkeit steht und die Aufteilung so machbar ist.

Bedenken Sie bei solchen selbst initiierten Lösungen, dass Sie diese Ihrem Arbeitgeber diplomatisch und charmant und damit ohne jede Bedrohung vermitteln. Diese Lösungen sind ungewöhnlich und sehr selten, und Sie sollten in jedem Fall für Ihre weitere Karriere das Image einer »Revolutionärin« vermeiden. Sie haben keinerlei Rechtsanspruch auf Jobsharing, sind also in der bittenden Rolle. Diese innere Haltung wird Ihnen jedoch helfen, sich durchzusetzen.

Die Vorher-Nachher-Angst der Arbeitgeber

Es gibt sicherlich frauenbewegte Arbeitgeber und betroffene Männer, die Familienmenschen sind, aber in der Mehrheit werden Sie es mit folgenden Vorurteilen zu tun haben:

- »Wenn Frauen schwanger sind, verhalten sie sich wie Schwerkranke und sind gar nicht mehr belastbar.«

- »Schwangere haben den totalen Hormonschub und gehen nur noch mit verklärtem Blick durchs Leben.«
- »Abmachungen, die Sie vor der Geburt mit Schwangeren treffen, können Sie hinterher völlig vergessen, denn wenn Frauen das Kind erst im Arm halten, sind sie nicht wiederzuerkennen.«
- »Wenn Frauen erst Mütter sind, haben sie nur noch Kinder im Kopf.«
- »Frauen mit Kindern fehlen dauernd, weil die Kinder ständig krank sind.«

Diese verschrobenen Ansichten spuken in den Köpfen der meisten Entscheidungsträger herum, übrigens unabhängig davon, ob es sich um Männer oder Frauen handelt. Die Frauen haben dann meistens selbst keine Kinder. Das Wunder von Schwangerschaft und Geburt, die Ur-Macht von Frauen, das Frausein schlechthin scheint viele Menschen erheblich zu verunsichern.

Häufig basieren die Vorurteile auch auf realen Erlebnissen. Das, was einzelne Frauen ihrem Arbeitgeber durch ihre Schwangerschaft »angetan« haben, wird Ihnen und allen Frauen erst einmal vorgehalten und schon einmal zur Vorsicht unterstellt. Sie werden daher kritisch beobachtet werden, und man wird regelrecht angenehm überrascht sein, wenn es mit Ihnen »ja ganz anders läuft«, als man es vielleicht in der Vergangenheit erlebt hat.

- Es ist unbestritten, dass zum Beispiel allein erziehende Mütter mit niedrigem Bildungsstand am häufigsten krank sind und der Arbeit fernbleiben.
- Es gibt Frauen, die das neue Gesetz ausnutzen, das sie für die gesamte Dauer der Schwangerschaft arbeitsunfähig schreibt, weil die Arbeit eine »nicht zumutbare Belastung für die werdende Mutter und das Kind« darstellt.
- Es gibt Frauen, die noch nie gerne gearbeitet haben und die sich auf die Rolle der Hausfrau und Mutter freuen, die von daher gerne zu Hause bleiben, wann immer sich ein Anlass bietet.
- Und es gibt Frauen, die sich so überzeugt in die Rolle der Mutter stürzen, dass sie wirklich nur noch über ihr Kind sprechen,

es mit anderen Kindern vergleichen, ihr Leben ganz ausrichten auf die Bedürfnisse des Kindes und sich nur darin selbst verwirklichen.

Wenn Sie mit all diesen Extrembeispielen nicht in einen Topf geworfen werden wollen, brauchen Sie eine berufsorientierte Strategie, um Ihren Chef zu überzeugen, dass bei Ihnen »alles anders« ist – natürlich ohne sich und Ihr Frausein zu verleugnen.

Die Strategie bis zur Geburt

Ihre Strategie sollte vom ersten Gespräch an lauten: sich berechenbar zeigen, Interesse am Arbeitsplatz und an Inhalten bekunden und die Schwangerschaft während der Arbeitszeit so weit in den Hintergrund schieben, wie es Ihnen möglich ist. Tun Sie alles, damit der Glaube gefestigt wird, dass Sie »trotzdem« noch »ganz die Alte« sind!

- Es beginnt mit der Kleidung während der Schwangerschaft: Bitte keine Blümchen, Rüschchen oder Elefanten auf dem Sweatshirt – behalten Sie Ihren alten Stil so weit wie möglich bei. Vermeiden Sie, als Schwangere oder werdende Mutter klischeehaft wahrgenommen zu werden. Bleiben Sie professionell – auch äußerlich.
- Reden Sie so wenig wie möglich über Ihre Schwangerschaft, Ihr Befinden, die ersten Klopfzeichen Ihres Babys, die Einrichtung des Kinderzimmers, das lobenswerte und zärtliche Verhalten Ihres Mannes, die Namensfindung fürs Ungeborene etc. Denken Sie zurück an die Zeit, als Sie noch nicht schwanger waren: Damals waren Sie auch genervt über »diese Frauen, die nur noch über das Eine reden ...«. Bleiben Sie interessierte Gesprächspartnerin im Job und nutzen Sie Gesprächspartner außerhalb der Arbeitswelt für Ihre Baby-Themen. Sicher ist es oft schwierig, sich nicht verträumt über den Bauch zu streichen, über kleine Nicki-Strampler zu unterhalten oder über die Übelkeit am Morgen, aber es zahlt sich aus. Jedes nicht am Arbeitsplatz geführte Gespräch

über diese Themen ist eine Investition in Ihre berufliche Zukunft!

- Geht es Ihnen körperlich gut, dann leisten Sie weiterhin die erforderlichen Überstunden und bieten Ihre Unterstützung an. Zeigen Sie Ihrem Umfeld, dass Sie nicht krank sind und weiterhin dazugehören. So verhindern Sie, dass man Sie ausbootet und (unbewusst) zum Außenseiter im Team macht.
- Reagieren Sie auf Fragen nach Ihrem Wohlbefinden reserviert und freundlich, aber nehmen Sie keine Einladung zum ausführlichen Schwatz darüber an – es könnte eine Falle sein. Sie haben ja auch früher nicht ständig über körperliche Symptome gesprochen und Details aus Ihrem Intimleben ausgeplaudert. Denken Sie daran, dass Sie als Berufsprofi ernst genommen werden wollen.

Die Strategie acht Wochen nach der Geburt – wenn Sie schon wieder starten wollen

Sie haben Ihr Kind zur Welt gebracht und die ersten acht Wochen miteinander gelebt. Hatten Sie von Anfang an geplant, jetzt wieder einzusteigen, überprüfen Sie diese Entscheidung auf Basis der neu gewonnenen Erkenntnisse noch einmal gründlich, bevor Sie sich am Arbeitsplatz zurückmelden.

Kehren Sie bereits nach acht Wochen (nach Ablauf der gesetzlichen Mutterschutzfrist, in der Sie nicht arbeiten dürfen) an den Arbeitsplatz zurück, gehören Sie, wie erwähnt, zur verschwindend kleinen Minderheit von nur einem Prozent der berufstätigen Frauen, die ein Kind bekommen haben. Insgesamt 99 Prozent beantragen Elternzeit, wenn auch von unterschiedlicher Dauer.

Ist der Zeitpunkt stimmig?

Unabhängig vom Rückkehrtermin: Starten Sie mit der Berufstätigkeit erst dann wieder, wenn Sie sich rundum dazu in der Lage fühlen. Verschieben Sie lieber den Startzeitpunkt, bevor Sie nach dem Beginn aufgrund unvorhergesehener Umstände eine erneute Unterbrechung vornehmen müssen.

Hinterfragen Sie vorher so gründlich wie nur möglich, ob der Zeitpunkt passt:

- Sind Sie gesund und nach der Geburt erholt genug?
- Klappt es mit dem Abstillen und sind Sie vor allem sicher, dass Sie bereits abstillen wollen (vorausgesetzt, Sie lassen sich nicht das Kind zum Stillen bringen)?
- Sind Sie emotional bereit, Ihr Kind ab jetzt (auch) in fremde Obhut zu übergeben?
- Ist die Kinderbetreuung während Ihrer Abwesenheit zuverlässig geregelt?
- Haben Sie es schon ausprobiert, Ihr Kind mit anderen Bezugspersonen allein zu lassen, und kommt es mit diesen wirklich zurecht?
- Haben Sie schon genug Energie (und ausreichend Schlaf), um sich der Berufstätigkeit zu widmen?
- Sind Sie im Kopf wirklich frei für den beruflichen Alltag?
- Sind Sie innerlich bereit, sich von dieser Berufspause schon wieder zu verabschieden?

Es wird nach Rückkehr an den Arbeitsplatz eine erneute Phase des Misstrauens auf Sie zukommen – rechnen Sie damit. Man wird sich genau anschauen, wie Sie denn nun nach der Geburt sein werden und ob nicht doch eines der oben genannten Vorurteile Wahrheit geworden ist.

Das heißt für Ihre Strategie: Beruhigen Sie Ihren Arbeitgeber bei allem, was Sie tun oder von sich geben.

Verhaltenstipps zur Imagepflege

- Geben Sie Ihrem Arbeitgeber weiterhin zu verstehen, dass Sie gerne arbeiten und aus voller Überzeugung berufstätig sind. Pflegen Sie Ihr berufsmäßiges Image. Zeigen Sie weiterhin Interesse und versuchen Sie die Arbeitszeiteinteilung so flexibel wie möglich zu gestalten, sodass Sie gerade in den ersten Monaten, wo man Sie noch besonders kritisch beäugt, so »unauffällig« wie möglich sind. Ihr Arbeitgeber muss erst wieder Vertrauen zu Ihnen gewinnen und beruhigt darüber sein, dass Sie »die Alte« sind, bevor Sie ihn für auftretende Sonderfälle, Krisen oder Ähnliches in Anspruch nehmen sollten.

- Geben Sie gleich nach Ihrer Rückkehr an den Arbeitsplatz zu verstehen, dass zu Hause alles organisiert und in Ordnung ist.
- Dass zu Hause der Kühlschrank dauernd leer ist, Ihr Mann und Sie gleichermaßen müde und erschöpft und morgens wie zerschlagen sind, Sie sich noch häufig mit der Tagesmutter oder Krippen-Erzieherin auseinander setzen müssen, es in Ihrer Wohnung aussieht »wie nach einem Luftangriff« – all dies sollten Sie für sich behalten und auch wieder nur außerhalb der Arbeitswelt mit Freundinnen oder Ihrer Mutter besprechen.
- Tagsüber im Job haben Sie äußerlich alles im Griff und funktionieren – dies sollte Ihr Image für die nächsten Monate werden, mindestens so lange, bis Ihre Mutterschaft für Ihr berufliches Umfeld keine Sensation mehr ist.
- Es ist eine sonderbare Sitte im Arbeitsleben, dass fast alle Mütter ihre neugeborenen Babys zum Arbeitsplatz mitbringen und einmal vorführen, als wollten sie beweisen, dass es sie wirklich gibt. Eine solche Aktion ist mit Vorsicht zu genießen, denn die Sprüche, die nach dem Verabschieden der Kollegin im Raum hängen bleiben, sind oft genauso vernichtend oder zynisch wie die eingangs geschilderten Bemerkungen über Schwangere. Vermeiden Sie den Auftritt als »Muttertier« in einer Männerwelt. Denken Sie daran, dass frisch gebackene Väter fast nie ihre Babys mit in den Betrieb bringen, warum sollten Sie es also tun?
- Wenn Sie das Bedürfnis haben, Ihren wirklich wohlgesonnenen oder befreundeten Kollegen Ihr Baby zu zeigen, treffen Sie sich nach Feierabend oder laden Sie sie nach Hause ein. Trennen Sie Privatleben und Arbeitsumfeld in diesem Punkt so strikt wie möglich!
- Und bei hartnäckigen Nachfragen, wann Sie denn endlich »den süßen Kleinen« mal mitbringen, erfinden Sie ein-, zweimal Ausreden, bis sich der Wirbel gelegt hat. Nach ein paar Wochen oder Monaten fragt sowieso keiner mehr.
- Von daher empfehlen sich für Frauen im Beruf auch nicht die bei Männern so gern gesehenen Baby-Fotos am Arbeitsplatz. Männer ernten dafür Anerkennung, Frauen eher miss

trauische Blicke. Legen Sie sich ein Foto in Ihre Handtasche oder in Ihre private Schublade und schauen es sich bei Heimweh oder Sehnsucht unauffällig an, aber drapieren Sie keine Baby-Welt um sich herum.

Diese Abgrenzung ist hilfreich, denn für spätere Beförderungen, Gehaltsgespräche, Fortbildungsanträge etc. sollten Sie ausschließlich als Berufstätige wahrgenommen und in den Köpfen gespeichert sein, nicht als Mutter.

Elternzeit berufsfördernd gestalten

Unabhängig davon, wie lange Sie Elternzeit oder auch danach eine Auszeit für die Kindererziehung nehmen möchten: Nutzen Sie diese Zeit wertsteigernd für die Arbeitswelt. Natürlich haben Sie sich in erster Linie dazu entschlossen, Elternzeit zu nehmen, um Ihr Kind zu betreuen und großzuziehen, einmal aus dem Berufsleben auszusteigen, sich dem Muttersein hinzugeben. Vielleicht auch, um all das zu tun, was Sie sich früher als Berufstätige erträumt haben: mit Gleichgesinnten treffen, endlich mal vor Weihnachten die Kekse backen, basteln, die Freizeit mit Ihrem Kind aktiv gestalten, alle Fördermöglichkeiten wahrnehmen und vielleicht noch ein bisschen Zeit für sich haben. Es sei Ihnen auch gegönnt, aber vergessen Sie dabei bitte nicht, dass es ein Leben nach der »Kinderpause« geben wird, wann immer das auch für Sie sein wird.

Heute braucht man nicht mehr zu warten, bis das Kind volljährig ist und in die berufliche Ausbildung beziehungsweise ins Studium geht – die Zeit der Ablösung vom Elternhaus beginnt in ersten Schritten schon mit dem Kindergarten, der Vorschule, der Schule. Ihr Kind wird zunehmend eigenen Interessen und Kontakten nachgehen, Sie werden immer mehr Zeit ohne Ihr Kind verbringen. Und Ihr Kind wird zunehmend selbstständiger, sodass es auch ohne Sie zurechtkommen wird. Manche sieht man mit 12 nicht mehr zu Hause, andere werden mit 15 flügge, viele ziehen mit 18 aus. Und was wird dann aus Ihnen? Sind Sie erst 18 Jahre zu Hause geblieben und Mitte vierzig, wird es noch schwerer, wieder einzusteigen – wenn Sie sich nicht darauf vorbereitet haben.

Auch die statistischen Fakten sprechen manchmal für sich und bieten Argumente für die Fortsetzung der Berufstätigkeit nach dem Mutterwerden beziehungsweise für deren aktive und frühzeitige Planung – selbst wenn jede Frau erst einmal davon ausgeht, dass diese Statistik nicht für sie zutreffen wird:

- Jede dritte Ehe wird heute geschieden, mit steigender Tendenz. Die Ehe ist heute keine Lebensversicherung mehr wie noch in der Generation unserer Großmütter.
- Jedes zweite Kind im Osten, jedes achte im Westen Deutschlands kommt unehelich zur Welt, das heißt, der Anteil der allein erziehenden Mütter ist entsprechend groß, wenn auch einige nach der Geburt oder nach der Elternzeit heiraten.
- Die Rente ist für die Generation derer, die heute unter fünfundvierzig sind, nicht sicher.

Umso wichtiger, dass Sie unabhängig bleiben und sich um Ihre Altersvorsorge selbst kümmern. Und wenn Sie die Berufstätigkeit auch nie aus finanziellen Gründen »brauchen« sollten, so stärkt sie auf jeden Fall Ihr Selbstwertgefühl. Die Berufstätigkeit bringt Ihnen Spaß und Anerkennung, Kontakte jenseits der Kinderwelt, andere Themen, einen erweiterten Horizont.

Daher die eindeutige Empfehlung aus Arbeitgebersicht: Bleiben Sie in Kontakt mit der Berufswelt.

Wie können Sie dies tun? Es gibt verschiedene Wege, die sich alle gleichermaßen eignen, um sie eines Tages in einer ernsthaften Bewerbung um einen Job einsetzen zu können. Und dass Sie sich irgendwann bei einem neuen Arbeitgeber bewerben werden, davon könnten Sie zumindest statistisch gesehen ausgehen: Nur 23 Prozent aller Mütter kehren nach der Elternzeit wieder in ihren alten Job zurück.

In einer repräsentativen Befragung von berufstätigen Müttern (emnid, 2004) sagten diese zur Frage nach dem Kontakt zum Unternehmen während der Elternzeit, sie würden sich diesen Kontakt zu 89 Prozent wünschen, vom Unternehmen angeboten wird dies immerhin zu 69 Prozent.

74 Prozent der Mütter wünschen sich Möglichkeiten zur Weiterbildung, angeboten werden diese nur in 17 Prozent der Fälle. Die Kombination von Elternzeit und Teilzeit im selben Unternehmen würden sich 78 Prozent der Mütter wünschen und nur in 29 Prozent der Fälle wird dies vom Betrieb angeboten, der gleiche Wert gilt für die Angebote zur vertretungsweisen Tätigkeit im Betrieb. Das heißt für Sie: Es kommt eindeutig auf Eigeninitiative und Ihre Hartnäckigkeit und Ihr Engagement an!

Kontakt zur Praxis halten

Der Kontakt zur beruflichen Praxis während der Elternzeit hilft Ihnen später im Bewerbungsprozess und beim tatsächlichen Wiedereinstieg in die Arbeitswelt, den Praxisschock so gering wie möglich für beide Seiten zu halten.

Bleiben Sie am Ball, halten Sie sich auf dem Laufenden.

Als ich vor 22 Jahren während des Studiums in verschiedenen Büro-Jobs arbeitete, gab es noch die Lochstreifen-Technik für das Telex, man schrieb auf Schreibmaschinen mit Durchschlagpapier, das sorgsam radiert werden musste, wenn die Kopien sauber sein sollten. Nach und nach kamen dann die revolutionären Techniken wie Fax, PC, das Internet und die E-Mail, die Telefontechnik mit ISDN etc. Das Gleiche gilt für andere Berufsfelder ebenso: neue Techniken, Chemikalien, Produkte und so weiter.

Alle haben eines gemeinsam: Das Arbeitsleben ist schneller geworden, die Belastung für jeden einzelnen Arbeitsplatz größer, die Kunden anspruchsvoller, die Dienstleistungen umfassender, das Fachwissen spezieller.

Stellen Sie sich bitte einmal vor, wenn Sie die heutige Berufswelt kennen, Sie wären zehn Jahre einfach nicht dabei gewesen. Eine riesige Hürde würde sich vor Ihnen auftürmen, wollten Sie zurückkehren. Nichts wäre mehr wie früher. Um diesen Schock zu vermeiden, empfiehlt es sich dranzubleiben, in welcher Form auch immer.

Aushilfstätigkeit oder Teilzeitbeschäftigung beim bisherigen Arbeitgeber

Die einfachste Form, nach der Geburt im Berufsleben verankert zu bleiben, ist sicherlich die Rückkehr zu Ihrem alten Arbeitgeber, der Sie und Ihre Fähigkeiten einschätzen kann und wertschätzt. Besprechen Sie Ihren Wunsch nach Aushilfs- oder Teilzeitbeschäftigung so häufig wie möglich: vor der Geburt, sobald Sie in die Verhandlungen über Ihre Weiterbeschäftigung eintreten, gleich nach der Geburt und noch einmal zu Beginn Ihrer Elternzeit, also acht Wochen nach der Geburt, wenn sie offiziell beginnt. Wiederholen Sie Ihre Pläne so oft wie möglich, und bringen Sie Ihre Vorstellungen an verschiedenen Stellen des Hauses unter, denn auch hier gilt:

»Aus den Augen, aus dem Sinn.« Es kommt häufig vor, dass Zeitarbeitskräfte oder externe, fremde Aushilfen eingesetzt und beschafft werden müssen, während die eingearbeiteten Kräfte eigentlich vor der Tür stehen, man es an entscheidender Stelle nur oft nicht weiß. Viele Vorgesetzte geben der Personalabteilung Ihren längst geäußerten Wunsch nach Weiterbeschäftigung zum Beispiel gar nicht weiter, und Sie wundern sich, warum eigentlich keiner anruft und Sie anfordert.

Verlassen Sie sich in dieser Phase also nicht nur auf Ihren direkten Vorgesetzten, der selbst vielleicht gerade keinen Bedarf hat oder Sie aus arbeitsrechtlichen Gründen nicht vorübergehend in Teilzeit einsetzen möchte. Er müsste nämlich befürchten, dass Sie daraus einen Anspruch auf dauerhafte Teilzeittätigkeit nach Ihrer Elternzeit geltend machen könnten, und das will er auf jeden Fall vermeiden. Diesen Rechtsanspruch könnten Sie geltend machen, indem Sie durch eine länger als ein paar Monate ausgeführte Teilzeitbeschäftigung belegen, dass es eine Möglichkeit gibt, Sie in Teilzeit zu beschäftigen. Das muss dann nicht genau Ihrer alten Tätigkeit entsprechen, es können auch Teile daraus sein. Diese Möglichkeit scheuen Arbeitgeber wie der Teufel das Weihwasser, von daher versuchen sie oft, Sie lieber ganz draußen zu lassen, wenn sie Ihre Fähigkeiten oder Kenntnisse nicht unbedingt brauchen und das Problem anders lösen können. Denn so können sich Vorgesetzte auf das Gesetz zurückziehen, das nach der Elternzeit lediglich einen Rechtsanspruch auf dieselbe Wochenarbeitszeit wie vorher garantiert, das heißt für vor der Geburt Vollzeitbeschäftigte auch weiterhin die Vollzeitstelle.

Nutzen Sie also das vorhandene Netzwerk für sich und erweitern Sie den Kreis der Einbezogenen um Ihren direkten Vorgesetzten herum:

- Informieren Sie den Betriebsrat über Ihren Wunsch, als Aushilfe in Anspruch genommen zu werden, denn er muss bei jeder Einstellung um Zustimmung gefragt werden. Kennt er Ihren Wunsch, kann er eine andere Aushilfe von draußen ablehnen und sich für Sie stark machen – vorausgesetzt, Sie erfüllen die fachlichen Bedingungen.
- Informieren Sie die Personalabteilung und, wenn vorhanden,

die Stelle im Unternehmen, die für Aushilfenbeschaffung zuständig ist. Einen solchen Platz gibt es in fast allen Großunternehmen, und hier pflegt man sorgfältig eine Kartei mit möglichen Aushilfen, um im Bedarfsfall einer Fachabteilung schnell jemanden anbieten zu können.

- In kleineren Unternehmen oder Familienbetrieben sprechen Sie den Inhaber an, die Chefsekretärinnen und alle Kollegen, die in vergleichbaren Abteilungen sitzen, denn es ist fast immer so, dass im Bedarfsfall herumgefragt wird, wer denn jemanden kennt, den man »schnell mal anrufen könnte«.

Über die gesetzlichen Rahmenbedingungen Ihrer Teilzeitbeschäftigung während der Elternzeit informiert Sie das Kapitel *Bekanntgabe Ihrer Schwangerschaft* ab Seite 17.

Aushilfstätigkeit oder Teilzeitbeschäftigung bei einem anderen Arbeitgeber

Konnten Sie mit Ihrem bisherigen Arbeitgeber keine Vereinbarung über Aushilfstätigkeiten oder Beschäftigung in Teilzeit treffen, sehen Sie sich nach einem anderen Arbeitgeber um.

Dieses im Bundeserziehungsgeldgesetz vorgesehene Recht nehmen viele Frauen auch häufig in Anspruch, wenn der eigene Arbeitgeber seinen Sitz zu weit vom Wohnort hat, die Arbeit von zu Hause aus nicht möglich ist und einfach Wegezeit gespart werden soll.

Wichtig für das Aushilfsbeschäftigungsverhältnis bei einem anderen Arbeitgeber ist, zu wissen, dass Ihr altes Arbeitsverhältnis weiter fortbesteht und dafür nicht beendet werden muss. Sie bleiben im alten Unternehmen als »ruhendes Arbeitsverhältnis« geführt, Ihr Anspruch auf Zuwendungen wie Jubiläumsgeld, betriebliche Altersversorgung oder eine eventuell eines Tages notwendige Abfindung für den Verlust des Arbeitsverhältnisses läuft weiter – die Jahre werden gezählt.

Erlaubt ist eine Beschäftigung bei einem anderen Unternehmen nur mit Zustimmung Ihres Arbeitgebers, die er Ihnen jedoch nicht verwehren darf. Die Wochenarbeitszeit ist nach dem 1.1.2001 ebenfalls auf 30 Stunden im Maximum pro Woche begrenzt, wenn Sie weiterhin Erziehungsgeld beziehen möchten.

Zwischen mehreren Aushilfsbeschäftigungen beim selben Arbeitgeber (aber nicht dem eigentlichen, bei dem Sie vor der Elternzeit tätig waren) müssen mindestens vier Monate Pause liegen, damit man nicht vom so genannten Kettenarbeitsverhältnis sprechen kann und Sie einen Rechtsanspruch auf unbefristete Beschäftigung hätten. Selbst wenn Sie persönlich dies nicht beabsichtigen, scheuen sich viele Arbeitgeber dennoch vor einem solchen »einklagbaren Risiko« – es haben schon viele Aushilfen wahr gemacht, sich einzuklagen, die man unbefristet gar nicht hätte einstellen wollen oder können.

Lassen Sie sich über Ihre Aushilfstätigkeiten immer ein Zeugnis vom Arbeitgeber erstellen – auf den Wert dieser Zeugnisse wird weiter unten noch einmal eingegangen.

Zeitarbeit

In vielen Berufsfeldern gibt es Angebote von Zeitarbeitsfirmen. Inzwischen ist der Arbeitsmarkt so angespannt, dass es auch wieder Teilzeitangebote gibt.

Einige Zeitarbeitsfirmen werben direkt um Wiedereinsteigerinnen und fördern oft sogar noch die erforderliche Weiterbildung. Insgesamt empfiehlt sich aber diese Form der zeitweisen Beschäftigung nicht für diejenigen, die sehr lange aus dem Arbeitsleben heraus sind, denn der ständige Wechsel und die immer neue Einarbeitung in neue Systeme, Abläufe, Computer etc. machen den Einstieg nach sehr langer Unterbrechung der Berufstätigkeit sonst zu einer fast nicht zu bewältigenden Herausforderung. In der Zeitarbeit werden Sie je nach Bedarf von Firma zu Firma herumgereicht und überall vor Ort ins kalte Wasser geworfen. Der Vorteil für Sie liegt im gewaltigen Erfahrungsschatz, den Sie sammeln können, der Nachteil in der ständigen Veränderung, das heißt: immer neue Arbeitswege, Arbeitszeiten, Vorgesetzte und Kollegen, von den Tätigkeiten ganz zu schweigen. Für Zeitarbeit sollten Sie sehr flexibel und im positiven Sinne abenteuerlustig sein. Ein hohes Selbstbewusstsein und sicheres Auftreten machen Ihnen den Einstieg in diese »Branche« leichter. Sind Sie eher zurückhaltend und gewinnen auf den zweiten Blick, arbeiten sich eher langsam ein, gewinnen dann aber durch Gründlichkeit, könnte dies ein schwieriger Start und eine ständige Herausforderung sein. Ob Sie sich dieser neben Kindererziehung und Haushaltsmanagement stellen wollen und, wenn ja, zu welchem Zeitpunkt, sollten Sie sich gründlich überlegen.

Praktikum

Praktika sind meistens unbezahlt oder nur sehr gering entlohnt (zum Beispiel für einen Monat Vollzeit 400 bis 600 € brutto) – der Ausbildungscharakter steht beim Praktikum im Vordergrund. Ein solches lohnt sich insbesondere beim Job-Wechsel oder zum Sammeln von Erfahrungen nach einer Umschulung oder Fortbildung. Oder als Orientierungsphase in einem für Sie neuen Tätigkeitsfeld, zum Beispiel, wenn Sie vom Büro ins Handwerk umsatteln wollen oder umgekehrt. Praktikanten sind in der Regel Umschüler, Studenten oder Schüler, die sich noch orientieren. Sie werden eine der ältesten Praktikantinnen sein, wenn Sie nicht gerade mit 18 Mutter geworden sind. Gehen Sie davon aus, bereits in der Bewerbung darauf hinzuweisen, dass Sie nicht in den typischen Standard gehören, aber dennoch lernbereit und neugierig sind und sich eingliedern können. Das erhöht Ihre Chancen.

Auch ein unentgeltliches Praktikum hat sich für manche Mutter gegen Ende der Elternzeit ausgezahlt, hat es doch zu einem Arbeitsvertrag nach Ablauf des Praktikums geführt. Der Zeitraum kann für Arbeitgeber und Mitarbeiterin gleichermaßen zum Ausprobieren genutzt werden, ob man zusammenpasst, sich die Vorstellungen und Erwartungen erfüllen, man ins Team passt, die gewünschte Leistung bringt. Und Sie selbst können ohne Risiko testen, ob Ihre Familie und Ihr Haushalt schon ohne Sie auskommen und Ihre Organisation aufgeht (vgl. dazu auch die Kapitel *Das häusliche Leben ohne Sie planen*, *Die Familie anlernen* und *Testphase abgeschlossen – dann bewerben Sie sich*, S. 87-91).

Ehrenamtliche Tätigkeiten

Es gibt viele Vereine und Organisationen, die ohne ehrenamtlich arbeitende Frauen gar nicht existieren oder wirtschaftlich arbeiten könnten, zum Beispiel UNICEF, Kindergartenvereine, der Weiße Ring und viele andere.

Ob Sie es sich leisten können, auf Geld für Ihre Arbeit zu verzichten, entscheiden Sie selbst, inhaltlich lohnt ein solcher Job während der Kinderpause sicherlich. Sie können Ihren eigenen Interessen nachgehen und sich den dazu passenden Verein, das Umfeld, die Partei, das Anliegen, für das Sie tätig sein wollen, aussuchen. Und Sie können in dieser Umgebung genauso Karriere machen und sich weiterentwickeln wie in der Arbeitswelt. Die Bandbreite von Jobs innerhalb der einzelnen Organisationen ist breit: Von Lager- und Packarbeiten, Fahrerjobs, Organisation, Bürotätigkeiten, Pflegediensten bis hin zu repräsentativen Aufgaben ist so ziemlich alles dabei. Fragen Sie nach, und beginnen Sie zunächst in dem Umfeld, wo Sie sich sicher fühlen und Sie Kenntnisse und Erfahrungen mitbringen. Die weitere Entwicklung wird sich zeigen.

Aus Sicht der Arbeitswelt ist bei ehrenamtlichen Tätigkeiten von besonderem Interesse, wie weit sie der Praxis im »echten« Arbeitsleben gleichen. Das heißt: Der Elternverein der Waldorfschule und die Organisation des jährlichen Erntedank-Kindergartenfestes sind nicht so angesehen wie die Tätigkeit der Sprecherin von UNICEF oder der Aufbau und die technische Betreuung eines SOS-Kinderdorfes in Afrika.

Denken Sie an Ihren zukünftigen Gesprächspartner, wenn Sie sich im Arbeitsleben zurückmelden: Er kennt selbst nichts anderes als das Leben in der freien Wirtschaft, Behörde oder im Dienstleistungsunternehmen. Bei Stichworten wie Kindergarten etc. denkt er automatisch an seine Ehefrau, die zu Hause für Kinder und Haushalt zuständig ist und die er nicht mit den Frauen im Büro gleichsetzt. Ihnen muss es also gelingen, sich so weit wie möglich von seiner Frau zu unterscheiden, sonst stellt er Sie nicht ein.

Mit dieser gedanklichen Schleife sollten Sie all Ihre Jobs abgleichen und danach entscheiden, ob sie Ihnen auf dem späteren Weg zurück ins Berufsleben helfen oder nicht. Seien Sie hier egoistisch!

Heimarbeit

Sind Sie weiterhin für Ihren alten Arbeitgeber tätig, eben nur von zu Hause aus, dann wird Heimarbeit sicher positiv beurteilt, ebenso, wenn es sich um Callcenter-Job, Telefonmarketing oder Ähnliches handelt, weil Sie dabei Außenkontakte haben. Sitzen Sie allerdings im eigenen Wohnzimmer und tüten Werbegeschenke ein oder bearbeiten Kunststoffteile für die Industrie, dann fehlt dieser

Tätigkeit ein wesentliches Merkmal, um Ihnen zu nützen: der Kontakt zu Kollegen oder Kunden. Sie vereinsamen bei dieser Tätigkeit und verlernen das Sichauseinandersetzen mit anderen, das Miteinanderauskommen und ähnliche soziale Eigenschaften, die für den Wiedereinstieg hilfreich sind und auf die der zukünftige Arbeitgeber achten wird.

Brauchen Sie diese Arbeit, um das nötige Geld für den Haushalt zu verdienen und gleichzeitig Geld für die Kinderbetreuung zu sparen, bauen Sie sich ein anderes Feld auf, mit dem Sie die Defizite ausgleichen können. Dies kann dann gern auch der ehrenamtliche Teil im Kindergarten, Turnverein oder in der Schule sein. In dieser Mischung passt es. Und unabhängig davon, wie stark Ihr Ehrenamt Sie zeitlich in Beschlag nimmt, die Hauptsache ist, Sie können etwas darüber erzählen oder es im Lebenslauf gewinnbringend verarbeiten, wenn es so weit ist.

Studium oder Promotion

Sie können natürlich auch die Elternzeit nutzen, um während der drei Jahre zu promovieren oder ein Studium an einer Universität oder der Fernuniversität in Hagen zu absolvieren, wenn das eventuell sowieso noch Teil Ihrer beruflichen Lebensplanung sein sollte. Dies wäre unter dem Gesichtspunkt der Karriereplanung ein beeindruckendes Plus.

Es gibt Frauen, die das geschafft haben, wenn auch unter Einsatz allerhöchster Energie und nur mit Unterstützung für die Kinderbetreuung, denn ruhiges, konzentriertes wissenschaftliches Arbeiten lässt sich schwer mit Kinderfragen und dem großen Aufmerksamkeitsbedürfnis verbinden.

Fachlich auf der Höhe bleiben

Zusammenfassend kann man für die verschiedenen Möglichkeiten, in Kontakt mit dem Berufsleben zu bleiben, Folgendes sagen:

- Achten Sie darauf, Kontakte zu Kollegen oder Kunden zu halten.
- Achten Sie auf das Image des (Aushilfs-)Jobs, gehört es in die Welt der »wirklich Berufstätigen« oder in die Welt der Mütter?

- Achten Sie darauf, dass Sie in Ihren Kenntnissen und Fähigkeiten auf dem Laufenden bleiben.

Besonders zum letztgenannten Punkt möchte ich Sie auf das Thema der beruflichen Weiterbildungsmöglichkeiten aufmerksam machen, die neben allem bisher Gesagten unabdingbar sind. Das Arbeitsamt oder vom Bundesarbeitsministerium unterstützte Träger bieten eine Vielzahl von Fortbildungsmaßnahmen an, manche werden sogar durch die Zahlung von Umschulungsgeldern finanziell unterstützt. Viele sind in Teilzeit möglich, bei Vollzeit-Formen wird häufig sogar die erforderliche Kinderbetreuung finanziell unterstützt.

Über die Bedingungen, die das Arbeitsamt für seine Förderungen aufstellt, informieren Sie sich am besten direkt bei Ihrem Arbeitsamt vor Ort. Dort können Sie sich über Wiedereinstiegsmöglichkeiten in Ihrem bisherigen Beruf beraten lassen und auch über eine eventuelle Umschulung sprechen.

Es gibt sowohl spezielle Beraterinnen beim Arbeitsamt, die sich um die Gruppe der so genannten Rückkehrerinnen kümmern, als auch spezielle Kurse, in denen Sie das Bewerben, Sichorientieren, Computerprogramme, Umgang mit moderner Bürotechnik etc. lernen können – fragen Sie danach.

In diesem Zusammenhang verfügt das Arbeitsamt unter anderem über eine Datenbank, die diverse Fortbildungsmöglichkeiten auflistet.

Das Arbeitsamt zu nutzen und die Angebote in Anspruch zu nehmen kann sich auch im Hinblick auf die spätere Rückkehr ins Berufsleben lohnen, denn die Sachbearbeiterin, die Sie betreut, hat ebenso Zugang zu den im System des Arbeitsamtes hinterlegten freien Stellen, und wenn sie Sie bereits aus der Betreuung kennt, kann das auch bei der Weitervermittlung helfen.

Wenn Sie Fortbildungsangebote und -institute auf die Eignung für Ihren persönlichen Bedarf prüfen, hinterfragen Sie auch deren Möglichkeiten, Anschlussbeschäftigungen zu vermitteln. Es gibt viele renommierte Institute, wie zum Beispiel die Grone Schule oder das Rackow Institut in Hamburg, die Absolventinnen mancher Kurse zu hundert Prozent in eine Anschlusstätigkeit vermitteln können!

Zeugnisse helfen weiter

Es wurde zum Thema Aushilfstätigkeiten schon erwähnt: das so genannte Arbeitgeberzeugnis. Es ist eine Bescheinigung darüber, was Sie wie und in welcher Qualität in welchem Zeitraum in einer Berufstätigkeit oder im Praktikum geleistet haben. Sein Wert liegt darin, dass ein Arbeitgeber Ihnen in seiner eigenen Sprache und mit seinem Anspruch Ihre Leistungen bestätigt und ein neuer oder zukünftiger Arbeitgeber sich oft auf die Aussage seiner Vorgänger verlässt. Ein Arbeitgeberzeugnis hat für Personalleiter oder Chefs beziehungsweise Firmeninhaber eine wohltuende Wirkung, man vertraut gern auf das Zeugnis des anderen.

Eine Art Ehrenkodex zwischen Zeugnis-Erstellern zwingt zur Ehrlichkeit und wahren Aussage. Ein Arbeitgeber dürfte zum Beispiel nicht verschweigen, wenn jemand die Kasse bestohlen hat oder immer unpünktlich war. Selbst wenn er diese Vorwürfe nicht ausdrücklich benennt, schwingen sie doch im Zeugnis in einer unterschwelligen Art mit oder zwingen den Leser durch Weglassen bestimmter Textbausteine dazu, den Absender anzurufen und um eine Referenz zu bitten, die dann Aufschluss über die Wahrheit gibt. Insofern verlässt man sich auch bei Rückkehrerinnen, die eine lange Pause hatten, auf Zeugnisaussagen.

Hier die Zusammenfassung der Bausteine, die Ihr Zeugnis enthalten sollte:

- Dauer der Tätigkeit
- Inhalt der Tätigkeit (kurze inhaltliche Beschreibung des Jobs)
- Beurteilung Ihrer Leistungen (gründliche Arbeitsergebnisse, Abgabetermine immer eingehalten, umfassend Vorgänge bearbeitet, selbstständig gewesen etc.)
- Beurteilung Ihres Verhaltens im Betrieb (ehrlich, fleißig, pünktlich, freundlich und hilfsbereit, kundenorientiert, motiviert, engagiert etc.)
- Grund der Beendigung des Jobs (zum Beispiel weil Befristung endet, weil Aushilfstätigkeit, weil Sie aus Rationalisierungsgründen entlassen wurden, auf eigenen Wunsch gingen oder Ähnliches)

- Bei längerer Mitarbeit (mehr als zwei Jahre) auch gern Dank für die Mitarbeit und bei Ihrer eigenen Kündigung das Bedauern über Ihre Entscheidung
- Sind Sie nur ein gutes halbes Jahr tätig gewesen, zum Beispiel als Aushilfe, dann genügt eine saubere Bescheinigung über die Dauer und Art Ihrer Tätigkeit im Unternehmen. Die inhaltliche Beurteilung entfällt dann aufgrund der Kürze der Zugehörigkeit.

Vor dem Hintergrund der Bedeutung von solcher betrieblich-offizieller Bescheinigungen« lassen Sie sich bei all Ihren Tätigkeiten, ob ehrenamtlich oder in Heimarbeit, vom Arbeitgeber ein Zeugnis oder eine Bescheinigung erstellen, auch sie sind eine Investition in die Zukunft. Übrigens: Sie haben ein Recht auf ein qualifiziertes und berufsförderndes Zeugnis – nehmen Sie es wahr.

Wenn Sie noch mehr über die Zeugnissprache wissen wollen, vielleicht auch, um Ihre eigenen bisher gesammelten Zeugnisse zu überprüfen, dann stöbern Sie einmal im Buchladen, es gibt eine Vielzahl von qualifizierten Ratgebern über das Schreiben von Arbeitgeberzeugnissen.

Planung ist alles

An der einen oder anderen Stelle wurde es in den vergangenen Kapiteln deutlich und ist Ihnen vielleicht etwas übertrieben vorgekommen: Die Worte »investieren«, »Gewinn bringend«, »nutzen«, »strategisch« passen so gar nicht zu Ihrem jetzigen Lebensstil, der noch andauernden Elternzeit oder ganz frisch angetretenen Mutterschutz?

Es stimmt, allein die Wortwahl klingt männlich und eher nach der Welt der Anlageberater an der Börse als nach Elternzeit und Frauen, die zurück in den Beruf wollen.

Aber darin liegt auch ein Grund, warum es zahlreiche Frauen, die vieles mitbringen, nicht so einfach gelingt, zurückzukehren und Erfolg im Beruf zu haben: Sie gehen nicht strategisch vor und planen das Berufsleben nicht mittelfristig. Gehen eher spontan von einer Phase in die nächste über, lassen »es« auf sich zukommen, schauen »später mal weiter« und sind dann am Ende zunächst einmal frustriert. Die Welt dreht sich weiter, und zwar immer schneller. Und man kann leider nicht für eine Weile aussteigen, um dann im selben Tempo an derselben Stelle, wo man aufgehört hat, wieder aufzuspringen. Verabschieden Sie sich lieber rechtzeitig von dieser Illusion und nehmen Sie Ihrer Zukunft in die Hand. Planen Sie Ihr Berufsleben Schritt für Schritt, so wie es Männer hervorragend tun, hier können wir Frauen uns wirklich etwas abschauen, wie auch in später folgenden Beispielen noch deutlich wird.

Nur der Kontakt zur Praxis führt die Welt der Arbeitgeber mit den Müttern zusammen, er ist der gemeinsame Nenner, die Schnittmenge aus beiden Welten.

Lassen Sie sich auf diesem Weg nicht vertrösten, abhalten oder ausbremsen, es hilft Ihnen am Ende keiner.

Und denken Sie bitte nicht von sich, Sie würden diesen planerischen Ansatz in beruflichen Dingen nicht umsetzen können: In Fragen der Kindererziehung, Haushaltsplanung, Geldanlage für die Familie etc. können Sie es doch auch, warum also nicht für sich selbst?

Innere Vorbereitung auf den Wiedereinstieg

Der Wiedereinstieg nach einer Familienzeit ist mit keinem anderen Wiedereinstieg zu vergleichen. Bei modernen Müttern von heute schlagen zwei Seelen in der Brust: Wir sind von Natur aus dazu bestimmt, Kinder zu bekommen und großzuziehen. Diese biologische Bestimmung macht sich meist irgendwann bemerkbar. Gleichzeitig wird die Ausbildung vom Mädchenalter an immer besser und zielgerichteter: Selbstständigkeit, Unabhängigkeit und Karriere sind Schlagworte, für die wir heute leben lernen. Es gilt also beides zu verbinden, und dafür gibt es immer noch keine überzeugenden Rezepte, die einfach nachzumachen wären.

Wenn das Kind in fremde Hände übergeben wird, entstehen viele Fragen. Eine Mutter geht nicht nur einfach zur Arbeit, wie ein Mann es tun kann. Mütter schleppen eine Menge gedanklichen, manchmal sorgenvollen »Ballast« mit sich herum: organisatorische Fragen wie das Abholen der Kinder, die Planung des nächsten Kindergeburtstages, die Frage, was es in den nächsten Tagen zu essen gibt, einen inneren Erledigungszettel und dazu häufig noch ein schlechtes Gewissen.

Und genau das unterscheidet Mütter ganz speziell von anderen Wiedereinsteigern in den Beruf, sei es nach langer Krankheit, nach Arbeitslosigkeit oder anderen Formen der Unterbrechung.

Um wirklich überzeugend und selbstbewusst am alten oder an einem neuen Arbeitsplatz zu erscheinen und ein Bewerbungsverfahren souverän zu absolvieren, bedarf es also einer intensiven inneren Vorbereitung und einer Menge Training.

Psychologischer Hintergrund: Ihre Motivation und die Bedenken der anderen

Viele der im Folgenden angeschnittenen Fragen treten nicht in diesem Maße oder in dieser Form bei Müttern auf, die von Anfang an nach Geburt des Kindes wieder Kontakt zum Berufsleben hatten. Die dargestellten Probleme treten umso stärker auf, je länger die Auszeit war.

Der Sinn des Lebens verschiebt sich

Mit dem Mutterwerden verschieben sich sämtliche Prioritäten im Leben einer Frau. Den Platz Nummer eins nimmt das Kind (oder nehmen die Kinder) ein. Dann folgen der Partner, die Familie, die Gesundheit – und irgendwann der Job. Vorher war das anders, insbesondere in der Lebensphase der Existenzgründung stehen der Job, die Eigenständigkeit, das Geldverdienen, Unabhängigwerden ganz weit vorne in der Prioritätenliste der Lebensplanung.

Mit dieser Verschiebung müssen Frauen erst einmal zurechtkommen. Und sie dann zumindest im Kontakt mit dem Arbeitsleben für sich behalten. Kein Arbeitgeber möchte (mehr dazu beim Thema Bewerbung) hören, dass er unter »ferner liefen« rangiert. Insofern gilt es, für die Zeit des Arbeitens alles andere im Kopf auf untere Ränge zu verschieben und der Arbeit und den Inhalten Platz Nummer eins zuzugestehen.

Tun Sie dies nicht und sind innerlich zu Hause oder bei Ihrem Kind, werden Sie auf Dauer nicht erfolgreich sein können, denn Ihre Kunden, Kollegen, Vorgesetzten werden es Ihnen ansehen, dass Sie nicht richtig bei der Sache sind. Sie werden nicht so ernst genommen wie die anderen Frauen, die keine Kinder haben, und man rechnet nicht wirklich mit Ihnen. Und das hat wiederum Nachteile für Sie persönlich, Ihre Weiterentwicklung, Ihre Gehaltsverhandlungen und so weiter.

Warum wollen Sie arbeiten?

Diese zentrale Frage müssen Sie sich selbst gegenüber ehrlich beantworten – für das Bewerbungsgespräch später gelten andere Regeln.

- Sind es rein finanzielle Gründe, die Sie zurück zum Arbeiten bringen, weil Ihnen sonst das Geld fehlt?
- Möchten Sie einfach mal wieder raus und unter Leute?
- Planen Sie die große Karriere und wollen richtig durchstarten?
- Sind Sie der Meinung: »Jetzt bin ich mal wieder dran!«?

- Ertragen Sie es nicht, den ganzen Tag mit Kindern und Haushalt beschäftigt zu sein?
- Fühlen Sie sich wie eine Blume ohne Licht, fühlen Sie sich unnütz, abhängig und wie die Putzfrau der Familie?
- Brauchen Sie Selbstbestätigung und Anerkennung?
- Möchten Sie eigenes Geld verdienen, um Ihrem Mann auch einmal etwas vom eigenen Geld zu schenken?
- Fühlen Sie sich in Ihrer Ehe unterlegen, weil Ihr Mann immer Geschichten von der Welt draußen erzählt, die Sie nicht verstehen?
- Haben Sie es satt, immer in bequemen und pflegeleichten Klamotten herumzulaufen, und sehnen sich nach Pumps zurück?
- Haben Sie Angst, auf lange Sicht den Anschluss zu verpassen und so zu werden wie Ihre Mutter, Schwiegermutter, Nachbarin oder andere abschreckende Beispiele, die Ihnen vor Augen sind?
- Bauen Sie nicht auf eine lebenslange glückliche Ehe und wollen sich für den Ernstfall wappnen und finanziell unabhängig werden oder bleiben?

Was auch immer Sie auf diese Fragen antworten, im stillen Kämmerchen sollten Sie ehrlich sein, denn Sie werden einen Preis für Ihre Doppelbelastung aus Beruf und Familie zahlen müssen. Darum ist es besser, sich von vornherein im Klaren zu sein, warum Sie wieder arbeiten möchten.

Und je nach Antwort auf die jeweiligen Fragen können Sie in der Konsequenz entscheiden, ob Sie die große oder die kleine Variante wählen wollen, Voll- oder Teilzeit, auf 400-Euro-Basis oder sich selbstständig machen. Zwischendurch jobben oder fest und unbefristet wieder einsteigen? Die Auswahl ist groß.

Je klarer Sie sich über Ihre Motive werden, umso zufriedener werden Sie nachher sein, wenn Sie Beruf und Familie gleichzeitig meistern müssen.

Was wird aus Ihrem Kind?

Die Mär vom Schlüsselkind, die Vorurteile über Verrohung, Vereinsamung, nicht gemachte Hausaufgaben, Sitzenbleiben, Krankwerden, nicht anständig essen etc. sind alle zusammengenommen schon Grund und Rechtfertigung genug, nicht berufstätig zu sein. Nur etwas spricht dagegen: die Tatsachen.

In England, Holland, Skandinavien, den USA, Frankreich, Spanien und Italien gibt es Ganztagsschulen, Internate, Ganztags-Kinderkrippen etc. In Amerika und Südamerika gehört das Kindermädchen zum guten Ton. Sind all diese Völker neurotisch, ungebildet, unterernährt, verrückt? Nein.

Auch Untersuchungen in Deutschland zeigen längst, dass es Kindern gut tut, von frühester Kindheit an mehrere Bezugspersonen zu haben; sie werden kontaktfreudiger, selbstständiger und flexibler für das vor ihnen liegende Leben. Keine Studie konnte bisher belegen, dass Kinder, die nicht von der eigenen Mutter großgezogen werden, in irgendeiner Art und Weise benachteiligt werden.

Bei aller Eitelkeit: Ob Sie persönlich oder die Erzieherin im Hort die Hausaufgaben beaufsichtigen oder das Mittagessen zubereiten und darüber wachen, dass der Teller leer gegessen wird, es wird kein großer Unterschied für das Wohlergehen Ihres Kindes sein. An solchen Äußerlichkeiten machen Kinder nicht das Geliebtwerden fest. Sie erkennen Vater und Mutter als Bezugspersonen ersten Grades und haben zu ihnen eine festere Bindung als zu jeder dritten Person, das hängt aber nicht mit der Dauer der gemeinsam verbrachten Zeit zusammen. Das können Mütter, die zu Hause sind, übrigens voll bestätigen: Sie sind den ganzen Tag mit dem Kind zusammen und betreuen es aufs Vorbildlichste. Kommt aber abends der Vater nach Hause oder spielt am Wochenende mal eine Stunde mit dem Kind, ist er die Nummer eins. Das könnte für manche Mutter ein attraktives Beispiel zur Nachahmung sein: sich rar machen und die Sonnenseiten des Familienlebens genießen.

Dass leider oft die finanzielle Frage im Vordergrund steht, ist auch ein Stück Realität: Man muss sich die Kinderbetreuung leisten können. Aber selbst wenn das gesamte Einkommen, das Sie hinzuverdienen, für die Kinderbetreuung eingesetzt wird, profitieren Sie und Ihre ganze Familie auf lange Sicht davon.

Jeder Praxiskontakt mit der Arbeitswelt ist auch in diesem Zusammenhang hilfreich: Die ganze Familie kann schon mal testen, wie sie mit der stundenweisen Trennung zurechtkommt. Oder herausfinden, welche Rahmenbedingungen verbessert werden müssen, damit es klappt.

Wie verhält sich Ihr Mann?
Wie sieht Ihr Ehemann oder Partner Ihren Wunsch nach Berufstätigkeit wirklich? Bejaht er Ihre Frage nach eigenem beruflichen Engagement uneingeschränkt? Oder finden diese Diskussionen hinter vorgehaltener Zeitung, kurz vor der Tagesschau statt und er antwortet mit einem müden »Wenn du meinst, dass du das unbedingt tun musst ...«? Und Sie bleiben dann mit schlechtem Gewissen zurück und sagen sich, dass es natürlich nicht unbedingt sein muss – Sie überleben auch ohne Arbeit.

Oder noch deutlicher: Er teilt Ihnen mit, dass er nichts gegen Ihre Berufstätigkeit hat, solange Sie »den Haushalt und die Kinder nicht vernachlässigen«. Und schließt damit gleich von vornherein aus, dass ihn der Haushalt etwas anginge. Es bleibt Ihr Job, wenn Sie sich darüber hinaus unbedingt noch »selbst verwirklichen« wollen.

Oder noch eine Stufe deutlicher: Beim ersten Ansatz eines solchen Themas kommt ein empörtes und süffisantes »Welche von deinen Freundinnen hat dir denn diesen Floh ins Ohr gesetzt?«. Und Ihr Partner zeigt damit, dass er Sie und Ihren Wunsch gar nicht wirklich ernst nimmt.

In all diesen Äußerungen zeigt sich eines: Noch hegt Ihr Mann die Hoffnung, Sie mit diesen Sprüchen aus dem Konzept und schnell wieder hinter den Herd zu bringen. Sie haben in diesem Stadium einen langen Weg vor sich, aber es ist nicht hoffnungslos, denn mit bestimmten Verhandlungsstrategien überzeugen Sie auch Ihren Mann, dass bezahlte Arbeit außerhalb des Hauses gut für Sie ist:

Schwärmen Sie ihm vor, dass Sie viel ausgeglichener und zufriedener sein werden, dass Sie sich wieder schön machen, dass Sie Ihrem heranwachsenden Kind etwas entgegenzusetzen haben möchten und dass er doch stolz auf Sie sein kann, was Sie alles unter einen Hut bringen. Und appellieren an seine Ehre, dass er doch bestimmt nicht so intolerant wie die Generation vor ihm sein will, in der die Männer ihren Frauen das Arbeiten verboten haben ...

Wichtig ist, auch diese Gespräche vorzubereiten und Ihren Mann nicht zu überfallen. Er wird sich aus seiner Sicht zunächst objektiv verschlechtern. Männer mit berufstätigen Frauen werden meistens nicht so verwöhnt, müssen mit anpacken, werden nicht rundum bekocht etc.

Insofern gibt Ihr Mann einiges an »innerem Wohlstand« auf, wenn Sie sich vom Hausfrauendasein verabschieden. Und das müssen Sie ihm in kleinen Häppchen beibringen, ohne Drohung und ohne überfallartige Verkündungen.

Spätestens an diesem Punkt erkennen Sie, wie schwer es wird, Ihre Familie wieder umzuerziehen, wenn sie erst einmal zu hundert Prozent die Rolle der Hausfrau und Erzieherin eingenommen haben. Besser ist es, Sie lassen Ihre Familie von vornherein immer mit in der Verantwortung, was die Erledigung der Hausarbeit und der Besorgungen anbelangt.

Es gibt natürlich auch andere Männer, die aufgrund ihrer Sozialisation solche »Macho-Sprüche« nicht bringen würden, zumindest vordergründig nicht. Wenn Ihr Mann es jedoch grundsätzlich gutheißt, dass Sie zu Hause sind, dann wird er bei der ersten häuslichen Krise nicht voll hinter Ihnen stehen, sondern (ganz sanft) die Frage stellen: »Meinst du, es war schon der richtige Zeitpunkt, wieder zu arbeiten, sind die Kinder nicht doch noch zu klein?« Auch bei dieser Konstellation empfiehlt sich eine gründliche Klärung, bevor Sie die wirkliche Vorbereitung auf Ihre erneute Berufstätigkeit starten. Ihr Mann sollte wirklich hinter Ihnen stehen, einen Teil Ihrer bisherigen Hausarbeit und Kinderbetreuung übernehmen – sich eben wie ein echter Partner verhalten.

Dass dieser Schritt und die Klärung offener Fragen auch für das Arbeitsleben eine Rolle spielen, sehen Sie spätestens im Vorstellungsgespräch, wenn es vom (meist männlichen) Gegenüber heißt: »Und was sagt Ihr Mann dazu, dass Sie arbeiten wollen?« Mehr dazu später.

Zu bemerken bleibt an dieser Stelle, dass Sie Ihren Mann oder Partner als Verbündeten brauchen, denn es wird noch genügend Feuerstellen geben, die Sie löschen müssen, und dabei brauchen Sie Unterstützung!

Unterstützt Sie Ihre Familie?

Wenn Sie mehr als ein Kind haben oder sogar schon eine größere Familie mit Kindern, die aus dem Kleinkindalter herausgewachsen sind, sollten Sie Ihren Wunsch nach Wiedereinstieg ins Berufsleben entsprechend mit der gesamten Familie besprechen.

Nicht nur der Mann nimmt zunächst Nachteile in Kauf, auch für den Rest der Familienmitglieder ändert sich einiges, wenn plötzlich Pflichten aufgeteilt und Pläne erstellt werden. Wenn jemand anders die Haustiere versorgen, die Kartoffeln aufsetzen und die Wäsche aus der Reinigung holen muss.

Beziehen Sie die Kinder so rechtzeitig ein, dass sie den gesamten Prozess miterleben, und stellen Sie sie nicht von heute auf morgen vor vollendete Tatsachen. Erfahrungsgemäß gibt das eine Menge mehr Widerstand als erforderlich und gewünscht. Je eher Sie die Kinder einweihen, umso besser: Lassen Sie Ihre Kinder nachvollziehen, wie viel Ihnen ein Arbeitsplatz bedeutet, dass Sie auch ein eigenes Betätigungsfeld und eigene Kollegen wollen, dass es Ihnen Spaß macht, eigenes Geld zu verdienen etc. So vermitteln Sie ganz nebenbei noch eine Menge Werte, die Ihre Kinder für ihr eigenes späteres Berufsleben auch benötigen werden.

Was nicht erforderlich sein dürfte, ist, das Einverständnis einzuholen. Ihre Kinder können es gut oder schlecht finden, wenn Sie wieder berufstätig werden, aber letztlich ist es Ihre Entscheidung. Und dafür brauchen Sie keine amtliche Genehmigung Ihrer Familie.

Widerstände im Verwandten- und Bekanntenkreis

Sobald Sie aus dem engsten Familienkreis heraustreten und verkünden, dass Sie wieder berufstätig werden wollen, wird es weitere Facetten von mehr oder minder deutlich geäußertem Widerstand geben.

Ihre Mutter oder Schwiegermutter wird wahrscheinlich Ihre Entscheidung hinterfragen, wird mit besorgter Miene fragen, was denn Ihr Mann und die Kinder dazu sagen, »… und wie willst du das alles schaffen, muss das sein, hast du nicht alles?« oder ähnliche Kommentare abgeben.

Es muss nicht so laufen, sicher gibt es auch Mütter oder Schwiegermütter, die entweder selbst im Arbeitsleben stehen oder es immer gern getan hätten, sich aber nicht getraut haben. Diese werden Sie vielleicht heute für Ihren Mut bewundern und Ihnen ihre Hilfe in jeder Hinsicht anbieten.

Bevor Sie das Gespräch außerhalb der Familie führen, empfiehlt es sich also, intern alles klar geregelt zu haben, denn so kann niemand die Verunsicherungsstrategie in Ihre Familie tragen und Sie dadurch von Ihrem Vorhaben abbringen. Ziehen Sie den Kreis der Gespräche immer von innen nach außen um sich herum!

Weibliche Solidargemeinschaften wie Kindergarten-Mütter, Spielplatz-Genossinnen oder ähnliche Gruppen werden aller Voraussicht nach gemischt reagieren. Es wird einige geben, die Sie bewundern, andere werden kritische Fragen stellen und den Teufel an die Wand malen, insbesondere wenn sie sich selbst noch eine Rechtfertigung aufrechterhalten wollen, warum sie diesen Schritt nicht gehen.

Ihre Freundinnen werden es vielleicht aufrichtig bedauern, dass Sie dann keine Zeit mehr füreinander haben werden, werden mit echter Besorgnis die Risiken auflisten, den Stress voraussagen.

Stehen Sie zu Ihrer Meinung und lassen Sie sich auch hier nicht verunsichern. Beginnen Sie, (wieder) mit Neid leben zu lernen, all diese Reaktionen werden Ihnen auch im späteren Arbeitsleben immer wieder begegnen. Und die Strategien, die Sie jetzt entwickeln, um sich abzugrenzen oder zu wehren, ohne sich zu rechtfertigen, die werden Sie später ebenso noch brauchen. Und sei es nur für die mögliche Einstiegsfrage im Bewerbungsgespräch, warum Sie denn wieder berufstätig werden wollen und was Arbeit für Sie bedeutet. Bis zu diesem Zeitpunkt haben Sie dann eine Menge Argumente mit anderen ausgetauscht und werden diese Frage mit Leichtigkeit beantworten können.

Sind Sie auf Auseinandersetzungen vorbereitet?

Dies ist die Kernfrage, die Sie sich beantworten müssen, denn ohne Auseinandersetzung und Konflikt wird es aller Voraussicht nach nicht laufen.

Wenn Sie eher zur Gruppe der harmoniebedürftigen Frauen (wie die meisten sich einschätzen) gehören, die bisher Auseinandersetzungen eher gemieden haben, dann sollten Sie vielleicht zur Rückgratstärkung einen Kurs besuchen. Ratgeber zur Gesprächs- und Verhandlungsführung lesen, eine Gleichgesinnten-Gruppe oder ein Coaching, vielleicht sogar eine Gesprächstherapie zur Unterstützung hinzuziehen.

Für den Fall, dass dies vielleicht die härteste Auseinandersetzung in Ihrem bisherigen Leben ist, dass es das erste Mal ist, dass Sie nur für sich und Ihre Rechte eintreten, lohnt es sich, professionelle Unterstützung zu suchen. Denn tief in Ihnen vergraben liegen die wirklichen Ursachen für Ihre vielleicht bis heute an den Tag gelegte Zurückhaltung, das Zurückstecken, Sich-nicht-Trauen oder ähnliche Muster. Räumen Sie damit auf, dann haben Sie auch bei den nächsten Schritten Aussicht auf Erfolg.

Schattenseiten der Berufstätigkeit: Womit müssen Sie rechnen?

Um Ihre Entscheidung für den Wiedereinstieg noch fundierter treffen zu können, möchte ich Ihnen im Folgenden einige Punkte aus der Rubrik »Risiken und Nebenwirkungen« aufführen, die mit dem Arbeitsleben verbunden sind beziehungsweise sein können.

Männer, Karrierefrauen oder Alleinerziehende stellen sich die Frage nach dem Preis für ihre Arbeit nicht oft. Sie haben entweder keine andere Lebensvorstellung oder es macht ihnen Spaß, wie es ist, oder beides.

Da sie die Alternative »zu Hause bleiben und für die Familie leben« nicht kennen, müssen sie sich nicht umstellen und wissen nicht, worauf sie verzichten – sie kennen es nicht anders.

Der Preis, den eine Hausfrau und Mutter für den Wiedereinstieg nach längerer Erziehungspause zahlen muss, ist nachfühlbar hoch. Und was bekommen Sie dafür? Anerkennung, etwas mehr Gleichberechtigung, Selbstständigkeit, gesteigertes Selbstwertgefühl – aber kann man das quantifizieren?

Entscheiden Sie selbst.

Chronischer Zeitmangel

Berufstätige Mütter, insbesondere natürlich Alleinerziehende, führen als häufigste negative Begleiterscheinung den chronischen Zeitmangel an. Alles, was Sie vorher als Hauptbeschäftigung wahrgenommen haben, Kinderbetreuung, Hausarbeit, Einkauf etc., wird jetzt »nebenbei« erledigt. Ihre Zeit ist begrenzt, der Tag hat nur 24 Stunden, und das merken Sie deutlich.

Sie brauchen ein anderes Zeitmanagement, um alles auf die Reihe zu kriegen, müssen einen neuen Rhythmus finden, um alles unter einen Hut zu zaubern, und vor allem andere mit einspannen und Aufgaben delegieren.

Und Sie werden verzichten müssen, zum Beispiel auf Zeit für eigene Hobbys, das Treffen mit Freundinnen zum Nachmittagskaffee oder zum Bummeln. All diese Tätigkeiten werden zum Termin werden, den Sie zukünftig nur nach Absprache mit den Kalendern Ihrer Familie und Ihres Jobs wahrnehmen können.

Gerade die Umstellungsphase von »Nur-Hausfrau-und-Mutter« auf berufstätige Mutter wird nach längerer Erziehungspause über Monate unrund laufen. Sie werden der Zeit hinterherrennen und wie viele mit dem ständigen Gefühl der Überforderung kämpfen. Sich immer häufiger fragen, ob es das wert ist, was Sie falsch machen, warum Sie nicht mehr alles so im Griff haben wie zuvor etc.

Aber seien Sie versichert: Es wird besser. Die meisten Frauen haben einige Monate oder ein Jahr nach der Umstellung auf das neue Leben gar nicht mehr gewusst, wie sie die Hausarbeit vorher auf einen ganzen Tag verteilt haben, denn plötzlich und ganz leise geht es auch so.

Die Perfektion nimmt ab

Hierin liegt vielleicht schon ein Teil der Lösung. Es wird an der Perfektion gespart, wo es nicht weh tut. Im Haushalt wird das Nötigste gemacht, aber Marmelade wird man im ersten Sommer nicht mehr selbst einkochen, sondern kaufen. Die Schränke werden zweimal im Jahr ausgewischt, die Bettwäsche nur alle drei Wochen gewechselt, Kopfkissenbezüge nicht mehr gebügelt, die Zimmerpflanzen auf pflegeleicht umgestellt. Der Phantasie sind hier keine Grenzen gesetzt. Es wird nicht immer der Lebensmittelvorrat da sein, den man gerade benötigen würde, und die Überweisungen blieben auch ein paar Tage länger liegen.

Loslassen heißt das Motto. Und dabei mit der Angst leben lernen, die Kontrolle zu verlieren.

Und wahrscheinlich – solange es keine existenziellen Bereiche betrifft – wird es noch nicht einmal jemand außer Ihnen bemerken, sodass Sie sich fragen werden, warum Sie sich mit dem Haushalt bisher so unter Druck gesetzt haben.

Auch für diese Phase und das Anfreunden mit einem solchen Zustand empfiehlt sich der Kontakt zur Praxis, Aushilfstätigkeiten, Praktika. So können Sie während Ihrer Familienpause immer wieder austesten, ob Ihre Organisation eingedampft werden kann und auch mit verringertem Zeitaufwand funktioniert.

Und denken Sie daran: Allein erziehende Mütter arbeiten Vollzeit und regeln alles andere auch nebenbei, sie haben ihr straffes Zeitmanagement von Anfang an gepflegt.

Der Stress nimmt zu

Neben dem bisher beschriebenen Stress im Familienleben kommt der Stress aus der Arbeitswelt und durch das knappere Zeitbudget hinzu.

- Pünktlich zur Arbeit sein zu müssen,
- an Uhrzeiten gebunden zu sein,
- auf dem Rückweg das Kind wieder abzuholen,
- es morgens rechtzeitig fertig zu kriegen, wenn es klein ist, oder
- es aus dem Bett zu bekommen, wenn es älter ist.
- Sich nebenbei im Bad auf Arbeitswelt zu stylen,
- sich die passende Kleidung anzuziehen, nebenbei den Müll rauszubringen,
- die Sportklamotten des Ältesten für den Nachmittag schon gleich mit ins Auto zu laden und, wenn man schon in der Gegend ist, auch das Altglas noch mitzunehmen,
- die Pausenbrote fertig zu machen,
- im Büro anzukommen und das erste Mal müde zu sein,
- einen Berg unerledigter Arbeit oder anstrengende Kunden vor sich zu haben,
- freundlich sein zu wollen,
- sich vom Chef und seiner neuen Personaleinteilung nicht irritieren zu lassen,
- immer mit dem Blick auf die Uhr seine Arbeit zu erledigen

- und zu wissen: Wenn Feierabend ist, ist noch lange kein Feierabend!
- Nach Hause zu kommen und sich Geschichten anzuhören über die Alltagssorgen, -erlebnisse oder -herausforderungen Ihrer Kinder, Ihres Mannes, dann selbst noch ein wenig zu erzählen,
- das Geschirr vom Abendessen wegzuräumen und
- den nächsten Tag vorzubereiten, der wieder genauso sein wird.
- Und dann müde ins Bett zu fallen und sich kurz vor dem Einschlafen zu fragen, ob das das Leben sein soll.

So ist die Realität, aber so hektisch und abschreckend es hier beschrieben ist, wird es nicht von allen und nicht immer wahrgenommen. Eine interessante statistische Aussage dazu beruht auf einer repräsentativen Umfrage bei berufstätigen Müttern vom Mai 2004 (emnid): Auf die Frage, wie häufig sie aufgrund der schwierigen Vereinbarkeit von Beruf und Familie mit Zeitdruck oder Stress zu kämpfen haben, antworteten 53 Prozent »sehr häufig« oder »häufig« und immerhin 46 Prozent »gelegentlich bis nie«. Eine überraschend hohe Anzahl, die wenig Stress aus der Vereinbarkeit erlebt und offensichtlich Aufbau eines funktionierenden Netzwerks, Einbindung des Partners, Organisation, etc. schon gut für sich geregelt hat. Die guten Seiten gibt es auch, und die sollen nicht unerwähnt bleiben:

- Es bleibt als Nebeneffekt auch immer das gute Gefühl, es zu schaffen.
- Es bleibt die Befriedigung, wenn im Job etwas besonders gut gelungen ist oder man vom Chef oder Kunden ausdrücklich gelobt wurde.
- Es bleibt die Freude über die leuchtenden Gesichter der Kinder, die sich abends auf einen stürzen und alle durcheinanderreden, weil sie einen so lange nicht gesehen haben. Die Erleichterung über die ersten guten Noten, die nach Ihrem Wechsel in die Berufswelt nach Hause gebracht werden.
- Es bleibt die Freude auf ein gemeinsames Abendessen mit Freunden oder der ausführliche Schwatz mit der Freundin am einzigen freien Abend und die Erkenntnis: Denen geht es auch nicht besser!

Außerdem – so berichten Mütter, die wieder eingestiegen sind: Es relativiert sich beides mit den Jahren, die Rolle der Mutter und die der Berufstätigen. In beiden Bereichen wird man mit den Jahren lockerer und gelassener.

Arbeiten kostet Geld

Eine finanzielle Nebenwirkung der Berufstätigkeit ist neben dem Einkommen leider auch ein Ansteigen der Kosten, die Sie dagegenrechnen müssen.

Für den Weg zur Arbeit und zurück benötigen Sie Fahrgeld; wohnen Sie außerhalb und wollen auch Ihre Kinder zu Hobbys fahren können und andere Erledigungen unabhängig von der Zeitplanung Ihres Partners vornehmen, benötigen Sie vielleicht ein zweites Auto und jede Menge teures Benzin.

Für Ihren Job müssen Sie Geld für Parkgebühren, Kantinenessen, Kleidung, Werkzeug, Arbeitsmittel, Fortbildung oder Ähnliches berücksichtigen, das Sie bisher nicht ausgegeben haben.

Darüber hinaus entstehen Ihnen mit hoher Wahrscheinlichkeit indirekte Kosten aus dem Arbeitsverhältnis, das heißt, Sie werden einige Tätigkeiten von sich auf externe Dienstleister verlagern: Kindergarten, Tagesmutter, Reinigung, vielleicht eine Putzfrau, Haushaltshilfe oder den Fensterputzer, öfter eine Pizza vom Lieferservice, die Autowaschanlage und was Ihnen sonst noch einfällt, um sich das Leben zu erleichtern – immer vorausgesetzt, Sie können es sich leisten.

Machen Sie diese Rechnung als Vorbereitung Ihrer Entscheidung mit der Familie gemeinsam auf und schauen Sie, was übrig bleibt.

Plötzlich haben andere das Sagen

Wenn Sie eine lange Pause zu Hause verbracht haben, hatten Sie allein das Sagen, zumindest tagsüber. Ihnen hat niemand vorgeschrieben, was Sie wann und wie zu tun haben, wie Sie welche Arbeiten verrichten, was es die nächsten Tage zu essen gibt, wie Sie sich den Tag einteilen etc. Sie waren Ihr eigener Chef, und das ist einer der Gründe dafür, dass Frauen den Beruf der Hausfrau und Mutter schätzen. Selbstständig zu entscheiden, sich nicht abstimmen zu müssen, hat einen großen Wert.

Diese Freiheit haben Sie im Berufsleben leider in kaum einer Position. Es ist immer mindestens einer über Ihnen, der die Entscheidung absegnen muss und kritisch hinterfragt. Es sind einige neben Ihnen, die es mindestens genauso gut können, zu Ihnen in Konkurrenz stehen, Sie vielleicht in Frage stellen, Ihnen hineinreden möchten oder sich um die besseren Arbeitsinhalte mit Ihnen streiten – natürlich nicht offen wie im Kinderzimmer, aber inhaltlich durchaus vergleichbar.

Und sind Sie selbstständig und haben keinen Chef, dann bestimmen die Kunden oder der Markt: die Öffnungs- beziehungsweise Arbeitszeiten, das Sortiment, die Art Ihrer Dienstleistung.

Sich nach langer Freiheit und dem Alleinsein zu Hause wieder umzustellen auf diese Art der Gemeinschaft, auf das Team um Sie herum, auf einen Chef, auf Anforderungen von außen, das Erledigen von Anweisungen, fällt vielen schwer und ist eine der größten Befürchtungen der Arbeitgeber, wenn es darum geht, Rückkehrerinnen nach langer Pause wieder einzustellen.

Auch hierauf kommen wir im Kapitel Bewerbung noch einmal näher zu sprechen.

Erscheint Ihnen der Preis fürs Berufsleben angemessen?

Diese Frage sollten Sie sich abschließend nach der Diskussion in Ihrer Familie und im Freundeskreis schon deshalb ernsthaft beantworten, weil Sie für die Bewerbungsphase und den Wiedereinstieg ein klares »Ja« benötigen. Zweifeln oder zögern Sie, »ob das alles so richtig ist«, wird Ihr potenzieller Arbeitgeber merken, dass Sie noch nicht ganz so weit sind, und Sie wieder nach Hause schicken.

Sie riskieren Absagen, wenn Sie nicht eindeutig wollen! Und die wiederum sind nicht gut fürs Selbstbewusstsein.

Sollten Sie noch ein leichtes Zögern bei der Beantwortung der Frage verspüren, schauen Sie sich noch einmal an, woran es genau liegt, an welcher Stelle Sie haken. Dann können Sie das eine Problem gezielt angehen, zu Ihrer Zufriedenheit lösen und müssen nicht die gesamte Thematik in Frage stellen.

Gedankliche Umstellung nach langer Pause

Viele Hausfrauen und Mütter beginnen nach langer Zeit zu Hause, ihren Wert nicht mehr richtig einschätzen zu können. Mit dieser Nebenwirkung der Hausfrauentätigkeit sind die Umschulungs- und Fortbildungsseminare für Rückkehrerinnen oft beschäftigt. Was hier neben der Vermittlung von Sachinhalten geschieht, ist ein systematischer Wiederaufbau des Selbstwertgefühls.

Frauen zu Hause bewegen sich in einem ganz speziellen psychologischen Umfeld. Das grundlegende Wagnis ist, sich aus einer vertrauten und sicheren Umgebung hinauszuwagen in eine fremde Welt, die auf den ersten Blick eine Reihe von Risiken birgt, vor allem Unbekanntes.

Ist man die neue Welt gewöhnt, ist alles halb so schlimm und nur noch halb so groß wie aus der Ferne betrachtet.

Übernehmen Sie die Verantwortung für Ihre eigene Zukunft

Sie denken viel über die Zukunft Ihrer Kinder nach, machen sich Sorgen um die Sicherheit des Arbeitsplatzes Ihres Partners, aber denken Sie auch über Ihre eigene Zukunft nach?

- Sind Sie abgesichert für den Fall, dass Ihrem Mann etwas passiert?
- Können Sie im Zweifel Ihre Kinder allein großziehen, ohne zum Sozialfall zu werden?
- Haben Sie eine Idee, was Sie tun werden, wenn Ihre Kinder ausziehen?
- Werden die Hobbys, die Sie bisher oft vernachlässigen mussten, Sie allein ausfüllen?
- Welche Wünsche vertagen Sie auf »später« und wann soll das sein?
- Können Sie etwas dazu beitragen, sich Wünsche schon heute und unabhängig von anderen zu erfüllen?
- Fehlt Ihnen auf Dauer der Kontakt zur Arbeitswelt, zu anderen Menschen, zu Leistung, gesundem Ärger, Stress und Anerkennung?

Wenn Sie über die Zukunft Ihres Kindes nachdenken, entwickeln Sie doch automatisch Phantasien, wie er oder sie eines Tages werden wird, ob erfolgreich oder nicht. Sie sehen Ihr Kind als Erwachsenen vor sich in einer bestimmten Rolle – wo sind Sie selbst in diesen Bildern?

Wollen Sie warten, bis alle ausgeflogen sind, und erst dann, allein zurückbleibend, beginnen, sich neu zu orientieren? Würde es sich nicht lohnen, die Weichen für eine eigene Perspektive früher zu stellen?

Warten Sie nicht darauf, bis andere (der Mann durch Scheidung, die Kinder durch Auszug) für Sie entscheiden, wann es wieder so weit ist, mit der Berufstätigkeit zu beginnen, handeln Sie selbst!

Verabschieden Sie sich von der Hausfrauenrolle

Im Vorteil der Hausfrauentätigkeit, dem selbstbestimmten Handeln, liegt gleichzeitig ein Nachteil, denn was Ihnen über die Jahre gefehlt hat, ist der Spiegel. Etwas, woran Sie sich messen können, Bestätigung von außen oder Konkurrenz, der Austausch darüber, wie es andere machen, Erfolgserlebnisse etc.

Und noch etwas hat Ihnen als Bestätigung und Rückmeldung über die Qualität Ihrer Arbeit gefehlt: die Entlohnung für Ihre Arbeit, das Geld. Kein Einkommen zu haben beziehungsweise für die Arbeit nichts zu verdienen, wird irgendwann im Kopf damit gleichgesetzt, dass die Arbeit nichts wert sei. Und wer sich dann in starkem Maße mit einer Rolle identifiziert und darin aufgeht, setzt irgendwann im Kopf die Gleichung an, dass er selbst dann auch nicht viel wert sei.

Die Anerkennung der Hausfrauenarbeit ist in diesem Punkt besonders eingeschränkt, denn sie besteht zwar auch aus positiven Bausteinen wie Großziehen und Versorgen, aber zum anderen aus Tätigkeiten wie Hinterherräumen, den Dreck anderer wegzumachen, sich immer im selben Hamsterrad zu bewegen. Was heute morgen noch sauber war, nachdem Sie aufgeräumt hatten, ist nachmittags wieder unordentlich. Und keiner sieht Ihre Mühe und Arbeit. Und solange Sie zu Hause sind, werden sich andere auch nicht dafür zuständig fühlen, ihren Dreck selbst wegzumachen.

Sie werden erleben, dass es leichter wird, Pflichten im Haushalt auf andere zu verteilen, wenn Sie erst berufstätig werden, denn damit erwerben Sie sich die Berechtigung dafür, nicht allein verantwortlich sein zu müssen, wobei Sie mit der Einbeziehung der anderen Haushaltsmitglieder gar nicht frühzeitig genug beginnen können.

Ab jetzt gibt es Geld für Ihre Arbeit

Durch die materielle Entlohnung der Arbeit erfahren Sie grundsätzlich schon eine ganz andere Wertschätzung als zu Hause. Sie haben eigenes Einkommen, über das Sie selbst verfügen können. Außerdem gehören Sie dazu, kennen sich in der Welt draußen aus und sind wer.

Das Arbeitsleben im Sinne von Geben und Nehmen bekommt für Sie eine neue Bedeutung, denn für Ihr Einkommen geben Sie Leistung, die ihren Preis hat. Und den können Sie als selbstständig oder freiberuflich Tätige sogar noch mitbestimmen. Sie sagen, wo Ihre Schmerzgrenze gehaltlich liegt, welchen Preis Sie für Ihre Arbeit nicht unterbieten möchten etc.

Schon die Tatsache, dass Sie jetzt überhaupt für Ihre Arbeit in Geld entlohnt werden und nicht nur mit Emotionen, Dankbarkeit und Anerkennung wie bei der Hausarbeit, wird Ihnen ein anderes Selbstbewusstsein geben, denn es wird Sie emotional entlasten.

Gehaltsverhandlungen jedoch fallen Frauen grundsätzlich sehr schwer, und Rückkehrerinnen besonders. Im Rahmen der Vorbereitung auf das Vorstellungsgespräch kommen wir noch auf dieses Thema zu sprechen. Aber eines sei hier schon festgestellt: Sie erhalten Ihr Gehalt, weil Sie und Ihre Arbeit es wert sind, dafür müssen Sie keine besondere Dankbarkeit zeigen. Der Markt bestimmt die Preise. Die Gehälter und Löhne werden durch Tarifvertragsparteien und den Arbeitsmarkt bestimmt, Ihr individueller Verhandlungsspielraum ist dabei nicht sonderlich groß, es geht immer nur um kleine Abweichungen nach oben oder unten.

Welches Gehalt man Ihnen auch anbietet, Sie werden es wert sein, im Zweifel eher mehr als weniger. Gehen Sie einfach davon aus, dass Ihnen kein Arbeitgeber zu viel zahlt.

Besinnen Sie sich auf Ihre Stärken

Frauen, die so erfolgreich das Leben »hinter den Kulissen« managen, sind sich oft ihrer Stärken gar nicht bewusst. Sie antworten auf die Frage, was sie besonders gut können, häufig mit nach unten geneigtem Kopf in aller Bescheidenheit: »Ach, eigentlich gar nichts Besonderes ...« Damit sollte spätestens im Bewerbungsverfahren Schluss sein, denn Sie müssen jetzt sich selbst beziehungsweise Ihre Arbeitsleistung verkaufen.

Also besinnen Sie sich doch noch einmal bitte auf alles, was Sie so tagein, tagaus bewerkstelligen, ohne dass es jemandem auffällt. Und denken Sie beim gedanklichen Durchgehen Ihrer Beispielliste immer einen Schritt voraus und versuchen Sie, Ihre Leistungen auf ein abstrakteres Niveau zu bringen, so dass Sie die Stärken für die Arbeitswelt daraus ableiten können. Das Kind muss meistens nur einen anderen Namen erhalten.

Organisationstalent und Belastbarkeit

Gerade Mütter mit mehreren Kindern im hobbyfähigen Alter sind wahre Meister im Organisieren und Zeitmanagement: Sie fahren Kinder zeitgerecht von A nach B, holen andere wieder irgendwo ab, erledigen wirtschaftlich auf dem Weg dorthin noch bestimmte Alltagsdinge und managen einen Familien-Terminkalender.

Sie schaffen es, während das Essen kocht, Hausaufgaben zu beaufsichtigen und kurz Anrufe zu erledigen, ein Auge am Herd, das andere auf dem Schreibtisch des Kindes.

Sie sind umsichtig und vorausschauend und haben die richtigen Zutaten für mehrere Mahlzeiten im Haus, sie backen, kochen, bewirten Gäste und sind auch flexibel, wenn ihr Kind aus der Schule noch zwei weitere »hungrige Mäuler« mitbringt.

Sie sind zu Hause diejenigen, die an alles denken, an den Geburtstag und das Geschenk für die Schwiegermutter, das Nachfragen bei der kranken Nachbarin, was ihre Beine machen, den Impftermin für den Hund und den Inspektionstermin für den Wagen ihres Mannes. Und mit ein wenig Erfahrung haben sie all diese Facetten im Griff. Wie sehr, das merken die anderen Haushaltsmitglieder spätestens, wenn die Mutter einmal ernsthaft krank oder verreist ist. Dann läuft nämlich oft gar nichts mehr.

Konfliktsteuerung und Verhandlungsgeschick

Es gibt kein Familienleben ohne Konflikte, keinen Alltag mit Kindern zu Hause, wo es keine Interessenskonflikte abzuwägen gilt, Streit zu schlichten, Kompromisse um des lieben Friedens willen vorzuschlagen. Alles mit dem Ziel, verschiedene Interessen unter einem Dach zu vereinen und eine Einigung herbeizuführen, bei der keiner als Verlierer hervorgeht. Eine Übung, die insbesondere dann auftritt, wenn Sie selbst entweder mehrere Kinder haben oder ständig kleine Freunde zu Besuch sind.

So wie es sich in Ihrem bisherigen Alltag um Spielzeug, Schuldzuweisungen, Handgreiflichkeiten und Prioritätensetzen zwischen Eisessen oder den Zoobesuch dreht, so handelt es sich später im beruflichen Alltag um Urlaubsplanungen, Arbeitsaufteilung und Prioritätensetzung zwischen der eigenen Arbeit und dem eiligen Auftrag des Chefs. Nichts anderes also – wenn auch meistens nicht so lautstark wie im Kinderzimmer.

Verantwortungsbereitschaft

Als Mutter übernehmen Sie die existenziellste Form der Verantwortung, die es im Leben gibt. Die Verantwortung für neues Leben, für das Aufwachsen Ihres Kindes. Alle Entscheidungen, die Sie treffen, von der Grundsatzfrage Kind oder nicht bis hin zum Aussuchen der richtigen Schule, basieren auf dieser Verantwortung für Ihre Familie.

Wenn Sie auch nicht die finanzielle Verantwortung für Ihre Familie tragen, so bekennen Sie sich als Frau jedoch mit Haut und Haaren zu Ihrem Kind. Im Hinblick auf diesen Mut, eine Entscheidung auf »lebenslänglich« zu treffen, ist jede Entscheidung im Arbeitsleben daran gemessen banal. Die Verantwortungsbereitschaft von Müttern kann man sehr gut ins Arbeitsleben transferieren. Damit ist auch für viele Frauen ein Grundstein für Führungsverantwortung gelegt, denn das Führen von Mitarbeitern ist in mancherlei Hinsicht durchaus vergleichbar mit dem Erziehen eines Kindes.

Eigenmotivation

Die Eigenmotivation, jeden Tag aufs Neue aufzustehen, den Tag zu planen, die nicht fremdbestimmte Arbeit zu Hause zu verrichten, sich immer wieder zu Neuerungen, Unternehmungen etc. aufzuraffen, können Sie im Arbeitsleben besonders gebrauchen.

In den allerwenigsten Funktionen wird man motiviert – man motiviert sich täglich selbst. Sich zu Höchstleistungen anzuspornen, auch an Tagen freundlich zum Kunden oder sorgfältig im Umgang mit dem Werkstück sein, wenn man am liebsten mit der Decke über dem Kopf im Bett geblieben wäre, sich zur Arbeit zu bewegen, selbst wenn es zu Hause so viel zu erledigen gäbe, ein Kind krank ist und die Tagesmutter so komisch guckte, als man das Haus verließ – Eigenmotivation ist hier das einzige Mittel, das uns täglich wieder antreibt.

Eigenmotivierte Mitarbeiter erkennt man unter anderem auch daran, dass sie sich die Arbeit selbst suchen und nicht immer darauf warten, dass jemand kommt und ihnen die Arbeit zuteilt und genaue Anweisungen erteilt. Eigenmotivierte Mitarbeiter sind gleichermaßen selbstständig, insofern sind sie bei Arbeitgebern und Vorgesetzten sehr geschätzt. Davon bringen Rückkehrerinnen eine Menge mit und sollten damit aktiv werben.

Die Familienplanung ist abgeschlossen

In dieser schlichten Aussage steckt eine Menge Kapital für Wiedereinsteigerinnen. Denken Sie zurück an die Befürchtungen, die Arbeitgeber gegenüber Frauen, Hormonen und Schwangerschaft haben. Hier können Sie sofort zu Beginn Ihrer Bewerbung Ihren großen Trumpf ausspielen: Sie haben bereits ein Kind (oder mehrere) und sind damit nicht mehr so »schwangerschaftsgefährdet« wie Kolleginnen, die noch keine Kinder haben.

Haben Sie erst ein Kind, sollten Sie über die Frage eines zweiten und den möglichen Zeitpunkt bereits vor dem Vorstellungsgespräch nachdenken. Es wird eine Frage werden, mit der man Sie konfrontiert, denn das Risiko sollte aus Sicht des Arbeitgebers natürlich am liebsten gleich null sein. Wenn Sie keine konkreten Pläne haben, sagen Sie einfach, Sie hätten mit Ihrem einen Kind genug zu tun und es würde Ihnen erst einmal reichen. Haben Sie schon Pläne, äußern Sie diese lieber nicht, wenn Sie sich für eine unbefristete Tätigkeit bewerben.

Wissen Sie definitiv, dass Sie kein weiteres Kind wollen, so erzählen Sie dies ruhig, dann wird man auch auf lange Sicht mit

Ihnen planen, Sie für verantwortungsvollere Jobs in Erwägung ziehen, bei Beförderungen nicht übergehen etc.

Wichtig ist bei dieser Frage, dass der Arbeitgeber das Gefühl hat, es lohnt sich auch zeitlich, Sie einzustellen. Hat er das Gefühl, dass Sie schon die Verhütungsmittel weglassen und nur die Zeit zum zweiten Kind überbrücken wollen, wird er Sie nicht oder nur befristet einstellen.

Arbeitgeber bevorzugen es, Frauen mit mehreren Kindern nach längerer Pause einzustellen als eine Frau mit kurzer Pause und einem Kind, die irgendwann ein zweites will. Die Einarbeitungskosten sind im Verhältnis zur dann erwarteten Beschäftigungszeit zu hoch. Die Rechnung geht nicht auf, weil Sie dann zweimal von vorne anfangen – und das zu Lasten des Arbeitgebers, der die jeweiligen Einarbeitungskosten trägt und noch die dazwischen tätige Vertretung einweisen muss.

Übersetzung in die Berufswelt

Die gedankliche Vorarbeit, die Sie für die erfolgreiche Rückkehr ins Arbeitsleben an dieser Stelle leisten sollten, ist die Übersetzung Ihres bisherigen Lebens zu Hause in die Sprache der Berufswelt.

Nehmen Sie sich die einzelnen Fragen noch einmal vor, zerlegen Sie Ihren Alltag gedanklich, und überlegen Sie sich zu jedem Baustein, in welchem Berufsfeld Sie diese Fähigkeiten und Kenntnisse einbringen könnten.

Ziehen Sie Parallelen und finden Sie neue Begriffe. Spülen Sie alle Worte und Themen heraus, die nach Haushalt, Schule, Kindergarten klingen, so dass Sie dem zukünftigen Arbeitgeber die Übersetzungsarbeit von vornherein abnehmen, indem Sie seine Sprache sprechen. Ihre wird er entweder nicht verstehen, mit Befremden zur Kenntnis nehmen oder nicht genug wertschätzen. Wenn Sie diese Vorarbeit geleistet haben und im inneren Dialog mit sich eine Antwort auf all die gestellten Fragen kennen, dann sind Sie fit für den Bewerbungsprozess.

Konkrete Vorbereitung des Wiedereinstiegs

Die folgenden Abschnitte sind zur Orientierung und zur Organisation hinter den Kulissen gedacht, bevor Sie sich dann wieder in Ihren alten Job beziehungsweise in die Bewerbungsphase um eine neue Tätigkeit auf dem Arbeitsmarkt stürzen. Sie dienen der Vorbereitung, damit Sie so unbelastet wie möglich nach Ihrer Elternzeit an die Arbeit zurückkehren können und der Übergang möglichst reibungslos funktioniert, woran Arbeitgeber und Mitarbeiterin gleichermaßen interessiert sind.

Die Entscheidung über Ihre Arbeitszeit treffen

Bevor Sie an den Arbeitgeber herantreten, ist es unerlässlich, dass Sie selbst mit Ihrer Familie die Entscheidung darüber treffen, wie viele Stunden Sie pro Woche arbeiten wollen. Dabei spielt natürlich der Kassensturz eine große Rolle, d.h., wie viel Einkommen benötigen Sie als Familie und wie viel müsste von Ihnen beigesteuert werden, um den Standard zu leben, wie Sie ihn sich vorstellen. Rechnen Sie einfach mal von dem Betrag, den Sie benötigen, das gut Doppelte, was Sie an Brutto-Einkommen erzielen müssten, denn bei der (wahrscheinlichen) Steuerklasse V bleibt Ihnen nicht viel übrig. Also haben Sie den Betrag errechnet und schauen nun, wie Ihr alter Stundensatz war und wie viele Stunden Sie heute dafür leisten müssten.

Zur finanziellen Seite gehört natürlich auch, dass Sie gegenrechnen, was Sie zusätzlich für die Kinderbetreuung ausgeben müssten, wenn Sie diese nicht kostenlos in der Familie regeln lassen können. Diesen Betrag müssten Sie theoretisch noch hinzurechnen. Häufig ist es jedoch so, dass Mütter, die in Teilzeit arbeiten wollen, für sich feststellen, dass sie beinahe ihr ganzes Einkommen für die Kinderbetreuung ausgeben, und dennoch kann sich das lohnen, denn für den Wiedereinstieg und die spätere Fortsetzung der Karriere ist dies sicher ein gutes Investment.

Wenn Sie sich also für Teilzeit entscheiden, dann haben Sie besonders gute Verhandlungschancen, wenn Sie flexibel sind, was die Verteilung der Wochenarbeitszeit anbelangt. Also beispielsweise an einzelnen Tagen nachmittags oder abends oder auch samstags arbeiten wollen, denn diese Zeiten sind häufig nicht mit Vollzeitkräften vom Arbeitgeber abzudecken. Das wäre ein sehr schlagkräftiges Argument für Sie (auch wenn dies natürlich einen großen organisatorischen Kraftakt voraussetzt).

Grundsätzlich ist Teilzeit natürlich nicht gleich Teilzeit, die Variantenvielfalt ist unglaublich groß. Werfen wir einen Blick auf einige Modelle und die dazu passende Argumentationsstrategie. Trauen Sie sich, durchdachte Vorschläge zu machen!

Teilzeit in Kombination mit Projektarbeit

Sie bearbeiten in Teilzeit ein Projekt komplett, reduzieren lediglich die Anzahl der Projekte oder Kunden o.ä., sind also zum Beispiel zuständig für zwei statt bisher vier Projekte. Wenn Sie Ihre jeweiligen externen und internen Geschäftspartner darauf einstimmen, an welchen Tagen Sie erreichbar sind und wie Sie Ihre Arbeit organisieren, dann gewöhnen sich alle Beteiligten recht schnell daran. Der Charme dieses Modells liegt darin, dass Teilzeit so gleichzeitig sehr anspruchsvoll bleiben und die Vielzahl an Themen und Aufgaben von vorher beibehalten werden kann. Ein Vorteil für den Arbeitgeber, mit dem Sie argumentieren können, liegt darin, dass die Kompetenz für die komplette Bandbreite der Projektarbeit erhalten bleibt, so dass gegenseitige Vertretung und das Einspringen für eine andere Projektmanagerin eher möglich ist, als wenn man nur für Teilbereiche zuständig wäre. Letztlich lassen sich viele Projekte in komplette Teilprojekte untergliedern, die dann in Teilzeit zu realisieren sind. Auch hier liegt die Argumentationsnot auf Ihrer Seite, denn auf den ersten Blick ist es für Arbeitgeber immer einfacher, mit einer Vollzeitkraft zu rechnen, daran sind wir gewöhnt. Es fällt uns leicht, Arbeitsumfang in 1/1-Stellen zu bewerten – die Vorteile der Aufsplittung müssen also mundgerecht von Ihnen aufbereitet werden.

Teilzeit mit flexibler Ausdehnung

Im Rahmen eines Arbeitszeitkontos könnten Sie bei einer Regelarbeitszeit von 2 Tagen pro Woche flexibel sein bis zu beispielsweise vier Tagen pro Woche. Voraussetzung hierfür ist, dass Sie flexible Betreuungsmöglichkeiten für Ihr Kind haben, bei denen Sie entsprechend variieren können. Die Differenz zwischen der Regelzeit und den darüber hinaus geleisteten Wochenstunden geht auf ein Arbeitszeitkonto, von dem dann freie Tage genommen werden können, wenn weniger zu tun ist. Meistens sind solche Modelle gekoppelt an eine Ankündigungsfrist von einigen Tagen, mit der der Arbeitgeber auf Sie zukommen muss, so dass Sie Vorlauf haben, darauf zu reagieren. Ein variables Modell ist gut für Vorgesetzte, denn sie müssen nicht gleich eine neue Planstelle beantragen oder eine Zeitarbeitskraft einstellen, wenn mehr zu tun ist. Bei der derzeitigen Budgetlage ist die Beantragung zusätzlicher »Köpfe« fast nicht möglich, und so kann man mit vorhandenem Mitarbeiterbestand Kapazitäten aufstocken – auf sehr diskrete Weise.

Teilzeit mit wochenweisen Vollzeiteinsätzen

Ähnlich einem Schichtmodell arbeiten Sie z.B. jede zweite Woche in Vollzeit, jede zweite Woche haben Sie ganz frei, dieser Weg ergibt unter dem Strich rechnerisch eine halbe Stelle, besetzt aber aus Sicht des Arbeitgebers eine volle Stelle einfach nur mit zwei Personen. Diese Variante hat für einige Jobs Vorteile, wenn nämlich nicht tagsüber während laufender Arbeitszeit »Schichtwechsel« ist, sondern wochenweise. Das Modell hat Ähnlichkeiten zum Jobsharing, bedarf aber in einigen Berufen nicht der so intensiven Abstimmung zwischen den beiden Personen, die sich eine Tätigkeit teilen. Hier geht es eher um Pflegeberufe, Krankenschwestern, Erzieherinnen oder Einsätze direkt am Kunden, wie Einzelhandel, Dienstleistungen, etc. Das heißt, es sind Arbeiten, die nicht mitten in laufenden Vorgängen übergeben werden, sondern in sich entweder abgeschlossen sind oder sowieso eine Übergabe an den nächsten Kollegen haben. Ein solches Modell kann dann passen, wenn z.B. der Vater des Kindes die anderen Wochen frei hat und so im Wechsel jemand Vollzeit zu Hause ist. Oder andere Betreuungspersonen aus dem Netzwerk Vollzeit zur Verfügung stehen, dazwischen aber ebenfalls ihre Freiheit genießen wollen.

Teilzeit zu besonderen Zeiten

Wenn Sie Teilzeit wünschen und dazu noch die Vorgabe machen »... gern von 9 bis 12.30 Uhr« und »nur von Montag bis Freitag, weil wir am Wochenende für uns sein wollen«, dann befinden Sie sich in der guten Gesellschaft von rund 90 Prozent der Rückkehrerinnen. Unsere Kindergarten- und Schulbetreuungszeiten liegen leider in Deutschland so, dass Mütter häufig nur vormittags ohne fremde Hilfe und damit ohne zusätzliche Kosten die Betreuung regeln können, aber aufgrund unserer flexibler gewordenen Öffnungszeiten, der Callcenter-Besetzungszeiten und zunehmender Kundenorientierung, von der wir alle profitieren, benötigen Arbeitgeber auch Arbeitskräfte für die anderen Zeiten. Denken Sie einmal darüber nach, ob Sie nicht gleich von sich aus ein anderes Modell anbieten, um so von Anfang an die Chancen auf Ihrer Seite zu haben. Arbeiten Sie zum Beispiel dienstags und donnerstags ab spätnachmittags und kommen Sie spät nach Hause, wenn die Kinder schon friedlich schlafen, statt sich mit einer Freundin zu treffen oder mit Ihrem Mann zu Hause zu sein. Er kann dann allein auf die Kinder aufpassen und Sie beide freuen sich auf die verbleibende gemeinsame Wochenzeit und leben diese vielleicht bewusster, als wenn das tägliche Zusammensein selbstverständlich ist. Es könnte ein interessantes Modell sein.

Teilzeit, um in Kontakt zu bleiben

Wenn Sie nur wenig Zeit investieren wollen oder können und »einfach nur drin bleiben wollen«, dann ist es realistisch, davon auszugehen, dass Sie für eine sehr geringe Wochenarbeitszeit keine komplexen oder besonders anspruchsvollen Aufgaben bekommen werden. Bei Einsätzen von 10 Stunden in der Woche wird es für Sie leichter, eine Chance zu bekommen, wenn Sie deutlich machen, dass Sie eine große Bandbreite von Aufgaben abzudecken bereit sind oder dass Sie als Springerin ganz flexibel immer dort unterstützen, wo Not am Mann ist. Das kann bedeuten, jede Woche einen anderen Arbeitsplatz, andere Kollegen, neue Aufgaben zu haben. Das kann auch mal bedeuten, für die Kollegen der »Hiwi« oder Assistent zu sein, der die eher langweiligen Zuarbeiten erledigt. Aber wenn Sie es schaffen, einen solchen Job positiv zu sehen als Chance, ganz viel kennen zu lernen, mit vielen verschiedenen

Kollegen bekannt zu werden, ein großes Netzwerk aufzubauen, sich einfach überall nützlich zu machen, dann werden Sie gute Chancen haben, »gebucht zu werden«, und eine solche Stelle lässt sich später immer weiter ausbauen, wenn Sie es wollen.

Teilzeit als Kombination mit Arbeit im Home Office

Die Anwesenheitszeit im Betrieb zu reduzieren auf z.B. drei Tage die Woche und zwei Tage im so genannten Home Office von zu Hause zu arbeiten kann für manche Jobs lohnenswert sein. Dieses Modell funktioniert nur, wenn keine permanente Anwesenheit erforderlich ist und tatsächlich Arbeiten anfallen, die man auch im Büro in Ruhe und für sich erledigen kann, ohne dass man direkt und im persönlichen Kontakt auf Kollegen angewiesen ist. Das kann journalistische oder kreative Tätigkeit sein, Planungs-, Auswertungs- oder Erfassungsarbeiten, die lediglich ein gewisses Abgabedatum mit etwas Spielraum haben.

Dann könnten die Home-Office-Zeiten so gelegt werden, dass das Kind schläft oder im Kindergarten oder in der Schule ist. Denn die Erfahrung von Müttern, die zu Hause arbeiten, zeigt, dass ihre Konzentration bei wacher Anwesenheit des Kindes kaum vorhanden ist, weil es insbesondere kleinen Kindern kaum verständlich gemacht werden kann, dass man zwar da, aber für sie nicht erreichbar ist.

Teilzeit als Jobsharing-Modell

Der Klassiker, dass sich wirklich zwei Mitarbeiterinnen einen Arbeitsplatz teilen und sich gegenseitig ablösen, auf dem Laufenden halten, einweisen, reibungslos die Übergabe hinbekommen, ist nicht sehr häufig anzutreffen. Arbeitgeber befürchten häufig, es würde eine Lücke klaffen, Daten, Informationen, Anfragen könnten verloren gehen, die Übergabe nicht funktionieren. Das Modell hängt u.a. davon ab, ob die beiden beteiligten Personen gut miteinander harmonieren, einen ähnlichen Arbeitsstil haben und eine ähnliche Arbeitsauffassung. Das beginnt mit der Organisation des Arbeitsplatzes, so dass jede alles wieder findet, und endet mit der Art, wie intern und extern kommuniziert wird. Es empfiehlt sich, selbst auf die Suche nach einer Partnerin im Unternehmen zu gehen, die als Jobsharing-Gegenüber passen könnte, und einen genauen Plan aufzustellen, wie es funktionieren kann. Dann zeigen sich sicher auch Arbeitgeber offen für eine solche Idee.

Teilzeit als Führungskraft

Gibt es eine Karriere in Deutschland, die in Teilzeit stattfindet? Die Frage ist immer noch schwierig und die Anzahl der Mütter, die mit diesem Modell erfolgreich sind, eher gering. Voraussetzung, dass dieses Modell überhaupt stattfinden kann, ist, dass Sie bereits Führungskraft waren, als Sie Mutter wurden. So kannte man Sie, Ihr Team kannte die Chefin, alles funktionierte und lief rund. Auf solch einer Basis lässt sich aufbauen, wenn man nur kurz ganz aussteigt und die Abläufe so ändern kann, dass die Abwesenheit möglich ist. Das bedeutet mit hoher Wahrscheinlichkeit, dass die Anwesenheit im Betrieb an so vielen Tagen wie möglich gegeben sein sollte, denn als Führungskraft sind Sie immer auch Ansprechpartner für Ihre Mitarbeiter und Ihre Kollegen in den Schnittstellenbereichen. Von Kunden, die Chefbehandlung wollen, einmal ganz abgesehen. Darüber hinaus gibt es für die meisten Führungskräfte einige Meetings, zu denen sie erscheinen müssen. Zieht man diese Zeit allein zusammen, bleibt nicht viel Spielraum. Und natürlich hängt es von der jeweiligen Tätigkeit ab, wie stark erforderlich die Anwesenheit ist. Auf eine leitende Ärztin wird man wohl weniger verzichten können als auf eine Buchhaltungsleiterin. Wichtig für eine Managerin in Teilzeit ist in jedem Fall, dass es neben dem häuslichen Netzwerk ein internes Netzwerk im Betrieb gibt, das Ihr »Revier schützt«. Also einen Vertrauten als Stellvertreter, Mitarbeiter, die ihren Job sehr gut auch ohne Sie erledigen können, ein funktionierendes Team, das sich selbst steuert, einen Chef, dem Sie vertrauen und der Ihnen vertraut, und Kollegen, die darauf achten, dass in Ihrer Abwesenheit nichts entschieden wird, das Sie betrifft. Und für ein solches Netzwerk benötigen Sie ebenfalls Zeit. Also: Es bleibt schwierig, ist aber ganz sicher möglich!

Für welche Wochenarbeitszeit und welches Modell Sie sich bewerben, wird natürlich auch die folgenden Kapitel beeinflussen, denn von Ihrer Abwesenheitszeit hängt zu Hause ab, wie gut alle Familienmitglieder eingespannt werden müssen und wie viel Netz (-werk) und doppelten Boden Sie benötigen.

Beim alten Arbeitgeber anklopfen

Wenn Sie schon von vornherein mit Ihrem alten Arbeitgeber eine Vereinbarung über Ihre Rückkehr an den Arbeitsplatz, den Jobinhalt, die Arbeitszeit und den Eintrittstermin getroffen haben (vgl. Kapitel *Erfolgreiche Verhandlungsführung über die berufliche Zukunft*), dann müssen Sie sich nicht mehr mit der Sichtung der Lage im alten Unternehmen befassen. Trotzdem sollten Sie circa drei Monate vor dem Termin Bescheid sagen, dass Sie wiederkommen. Es kommt häufig vor, dass die Wiedervorlage in den Abteilungen nicht funktioniert und Ihre Rückkehr mit Überraschung wahrgenommen wird. Damit Ihr Arbeitsplatz und genügend Arbeit für Sie bereit sind und Sie einen guten Start haben, kümmern Sie sich lieber auf eigene Faust darum.

Für alle anderen gilt jedoch: Informieren Sie sich gut drei Monate vor Ihrem Rückkehr-Wunschtermin zunächst bei Ihrem alten Arbeitgeber über freie Stellen, die Ihrer Arbeitszeitvorstellung entsprechen. Wenn Sie vorher eine Vollzeitstelle hatten und diese jetzt auch wieder einnehmen wollen, sind Sie gesetzlich auf der sicheren Seite: Der Arbeitgeber muss Ihnen etwas Vergleichbares anbieten.

Wollen Sie Ihre Arbeitszeit ändern, kümmern Sie sich um ein Gespräch mit den Entscheidungsträgern im Unternehmen. Das kann aus Loyalität zuerst Ihr alter Chef sein, im größeren Unternehmen genauso gut aber auch der Mitarbeiter des Personalbereichs, der mehr freie Stellen im Blick und zu besetzen hat als Ihr direkter Vorgesetzter.

Nehmen Sie die konkreten Gespräche auf der Basis der in Kapitel 2 vorgestellten Strategien wieder auf und lassen Sie sich nicht zu lange vertrösten. Lassen Sie sich nicht auf ein befristetes Arbeitsverhältnis ein, wenn Sie vorher einen unbefristeten Vertrag hatten. Ihr alter Arbeitgeber versucht vielleicht, Ihnen eine erneute Probezeit unterzuschieben, für die es keine Rechtsgrundlage gibt. Auch wenn Ihr Arbeitgeber sagt: »Wir wollen mal sehen, wie es jetzt zwischen uns klappt, ob Sie noch die Alte sind ...«, ist das Recht auf Ihrer Seite, denn Ihr altes Beschäftigungsverhältnis ruht lediglich für die Dauer der Elternzeit, es »lebt« aber weiter.

Was tun, wenn Ihr Arbeitgeber Sie nicht weiterbeschäftigt?
Kann Ihr Arbeitgeber Ihnen den ehemaligen Job beziehungsweise eine vergleichbare Position nicht mehr anbieten, verhandeln Sie über eine Abfindung, denn er ist dazu gesetzlich verpflichtet.

Die besten Chancen auf eine Abfindung für den Verlust Ihres Arbeitsplatzes haben Sie, wenn Sie sofort einen Fachanwalt für Arbeitsrecht einschalten, der Ihre Interessen vertritt. Er kennt sich in den neuesten Gesetzesregelungen aus und wird das Maximum für Sie herausholen. Die Faustregel für Abfindungen ist ein halbes Brutto-Monatsgehalt pro Jahr der Beschäftigung. Ob Sie die Jahre der Elternzeit mitzählen oder nicht, ist Verhandlungsspielraum – eigentlich gehören sie dazu. So zählen diese Jahre auch für den Erwerb von Anwartschaften auf betriebliche Altersversorgung. Fragen Sie auch hiernach, wenn Sie länger als zehn Jahre im Unternehmen waren und älter sind als 35, vorausgesetzt, Ihr Unternehmen hatte überhaupt so etwas wie eine betriebliche Altersversorgung.

Achtung: Der Weg über den Anwalt ist nur zu empfehlen, wenn Sie definitiv nicht zurückkehren können (oder wollen). Verhandeln Arbeitgeber erst einmal mit dem Anwalt eines Mitarbeiters, ist das Vertrauensverhältnis für eine weitere Zusammenarbeit auf Dauer so gestört, dass es nicht gut gehen würde.

Wie Sie sich nach neuen Arbeitgebern umschauen, können Sie im Kapitel *Unterscheidung in Klein-, Mittel- und Großbetriebe*, S. 93, ausführlich nachlesen.

Andere Wiedereinsteigerinnen befragen und Kontakte nutzen

Sicherlich kennen Sie in Ihrem »Frauen-Netzwerk« Gleichgesinnte, die den Schritt zurück in den Beruf schon hinter sich haben und Ihnen darüber etwas erzählen können. Nutzen Sie deren Erfahrung und stellen Sie einen Fragenkatalog mit konkreten Punkten auf, den Sie gezielt abarbeiten.

Fragen Sie aber auch nach allen haushalts- und familienrelevanten Themen wie zum Beispiel,

- ob es Pläne über die Verteilung von Haushaltspflichten gibt,
- ob sie für die Kinder vorkocht,
- wie oft sie einkauft,
- wie die Gespräche mit ihrem Mann verliefen,
- wie die schulische oder sonstige Entwicklung der Kinder verläuft,
- ob sie eine Vorschule empfehlen kann,

und alles andere, was Sie wissen wollen. Nehmen Sie sich Zeit für ein solches Gespräch, Ihnen werden währenddessen eine Menge neuer Fragen einfallen, und vieles wird klarer werden.

Und ermutigen Sie die Erzählerin zu Wahrheit, eine geschönte Geschichte nach dem Motto: »Ich habe alles prima im Griff, läuft alles bestens …« hilft Ihnen nicht weiter, sondern schüchtert Sie eher ein.

Sammeln Sie wie ein Eichhörnchen Namen und Telefonnummern von allen möglichen Leuten, die Ihnen weiterhelfen können. »Networking« nennen es die Amerikaner und fahren bestens damit, denn jeder hat irgendeinen wertvollen Tipp für den anderen und umgekehrt. Scheuen Sie sich nicht, Leute auszufragen, Sie wollen ja nichts geschenkt bekommen, aber warum sollten Sie das Rad neu erfinden, wenn jemand anders schon eine gute Idee hatte?

Das häusliche Leben ohne Sie planen

Die Vorbereitung Ihres Wiedereinstiegs sollte ähnlich intensiv sein wie die Ihrer eigenen Hochzeit oder die Vorbereitung auf die Geburt Ihres Kindes. Wenn Sie diesen Maßstab anlegen und mit so viel Liebe zum Detail vorgehen, wird es funktionieren.

Organisieren Sie das häusliche Leben in einem konkreten System, an das sich jeder hält. Das kann zum Beispiel ein »Stundenplan« sein: Dort steht dann für den jeweiligen Tag eine Pflicht für jeden, Staubsaugen, Bad putzen, Küchenboden wischen, Bügeln, alles ist verteilt und muss an dem entsprechenden Tag erledigt werden. Und nach einer Eingewöhnungsphase klappt es wirklich, mit einer maximalen Verschiebung um einen Tag.

Ein anderer Tipp ist eine Tafel in der Küche, wo jeder als

Ideensammlung aufschreibt, was eingekauft werden muss, so dass die Last von der Mutter genommen wird.

Denkbar sind auch alle anderen praktischen Hilfen, die leider Geld kosten, wie Fensterputzer, eine Putzfrau fürs Grobe oder zum Bügeln.

Diese und viele ähnliche Tipps sind mit dem Planen gemeint. Erinnern Sie sich an Ihre Stellenbeschreibung aus dem Kapitel *Dem Arbeitgeber Lösungsvorschläge anbieten*? Nutzen Sie eine solche Form auch für den Haushalt und machen Sie zunächst auf dem Papier einen Plan,

- wer welche Tätigkeiten übernehmen könnte,
- ob sie an bestimmte Zeiten gebunden sind und, wenn nicht,
- wann Sie diese gern erledigt hätten.

Planen Sie aus der Sicht des Haushaltsmanagers – alles hört auf Ihr Kommando, zunächst ja nur auf dem Papier.

Alles, was mit externer Unterstützung geschehen soll, wie Kinderbetreuung, Hinbring- und Abholfahrten etc., sollte im Vorfeld organisiert und schon ausprobiert werden, bevor Sie sich um einen neuen Job kümmern. Machen Sie eine Generalprobe, bevor der Ernstfall droht.

Suchen Sie rechtzeitig nach möglichen Vertretern, falls etwa die Tagesmutter ausfällt. Sprechen Sie mit den Großeltern der Kinder, mit Freundinnen und anderen Bekannten und fragen Sie diese jeweils, an welchen Tagen sie nicht können, sodass Sie ausweichen können auf andere.

Lassen Sie sich auch hier nicht mit Halbheiten und unverbindlichen Aussagen wie »Klar helfe ich dir, ruf einfach an, wenn du mich brauchst« abspeisen. Solche Bekannten können meistens »gerade heute nicht, du, sorry« – und Sie sitzen da.

Warum Ihnen all dies so haarklein eine Personalmanagerin erzählt? Weil die Praxis oft leider so aussieht, dass Frauen hoch motiviert zurückkommen und dann nach einer Woche schon die erste Krise droht und sie sich »klein mit Hut« mit ihrem Chef unterhalten müssen, ob er ihnen nicht zwei Tage freigeben kann, weil ... Das sind ziemlich demütigende Gespräche für die Frauen, wie Sie sich vorstellen können, und diese Erfahrung möchte ich

Ihnen ersparen. Es scheitert fast immer an schlechter Vorbereitung und zu viel Optimismus nach dem Motto: »Das wird schon.«

Behalten Sie alle Vorurteile im Hinterkopf, die Arbeitgeber Frauen mit Kindern gegenüber ohnehin schon haben. Es war zu Beginn dieses Buches die Rede davon, sich so berufsmäßig und professionell wie möglich zu geben und keine Angriffsfläche zu bieten. Wenn Sie ernst genommen werden möchten, halten Sie sich daran.

Dass Sie nicht alles vorhersehen können und das Leben einige Überraschungen bereithalten kann, ist auch klar. Es erwartet niemand Wunder von Ihnen, aber den Alltag sollten Sie im Griff haben, dazu gehört es auch, eine Vertretung für eine kranke Tagesmutter im Hintergrund bereitzuhalten, also einen »Plan B«, wenn »Plan A« nicht aufgeht. Das ist nicht einfach, aber an diesen alltäglichen Notfällen werden Sie im Berufsleben gemessen werden – zu viel Rücksicht dürfen Sie nicht erwarten.

Spannen Sie Ihren Partner mit ein, sorgen Sie dafür, dass er die ersten Monate im Ernstfall einspringt, er riskiert keinen Imageschaden, wenn er sich mal abmeldet und einen freien Tag braucht. Den Grund dafür wird er wahrscheinlich nicht angeben. Besser ist es, er nimmt den gesetzlich möglichen Urlaub bei Krankheit des Kindes für die erste Krankheit nach Ihrem Wiedereinstieg in Anspruch – Ihr Start soll jetzt klappen. Und Ihr Kind kann sich auch gleich daran gewöhnen, dass im Ernstfall nicht nur Sie einspringen, sondern auch der Vater. Diese Sonderurlaubstage stehen sowohl den Vätern als auch den Müttern zu, nur wird auch dies in der Praxis meist anders umgesetzt als vom Gesetzgeber ermöglicht.

Sie haben in den Jahren nach der Geburt für die Karriere Ihres Mannes gesorgt, jetzt sorgt er einmal zur Abwechslung für Sie und übernimmt spätestens jetzt ein Stück Verantwortung für das gemeinsame Kind.

Sollte er zu bedenken geben, dass er beim Beantragen dieser freien Tage schief angeschaut würde, trösten Sie ihn. Erstens: Sie ebenso, zweitens: Es wird viele Kollegen und vor allem Kolleginnen geben, die ihn für seine verantwortliche Haltung als Vater wertschätzen oder heimlich beneiden.

Die Familie anlernen

Wenn alles organisiert und geplant ist, beginnt der Ernst des Lebens, die Testphase mit Ihrer Familie.

Alles, was Sie sich auf Ihrem Papier ausgedacht haben, setzen Sie jetzt probeweise in die Tat um, indem Sie zunächst einmal die notwendigen Gespräche führen, den Familienrat einberufen.

Gemeinsam mit Ihrem Mann werden Sie die Kinder instruieren, werden ihnen den notwendigen Umgang mit Technik im Haushalt, dem Telefon oder womit auch immer beibringen. Das Gleiche gilt für Ihren Mann, auch er kann eventuell noch nicht mit allen Haushaltsgeräten umgehen.

Hinterlassen Sie für den Ernstfall überall Zettel mit Kurzbedienungsanleitungen, machen Sie die anderen unabhängig von sich.

Erklären Sie allen den Plan und probieren Sie es gemeinsam mehrere Wochen aus, so lange, bis es funktioniert. Hakt es immer an der gleichen Stelle, ist der Fehler systembedingt – prüfen Sie, ob Ihr Plan eine Lücke enthält.

Dabei kommt es im Wesentlichen auf Ihre Hartnäckigkeit an, denn Sie müssen spätestens jetzt lernen zu delegieren, andere machen zu lassen. Dazu gehört auch, mit ansehen zu können, dass andere die Arbeit umständlicher und langsamer erledigen als Sie selbst, dass Fehler passieren, Wäsche verfärbt wird, Essen anbrennt etc.

Trösten Sie sich: In Ihrem neuen Job werden Sie auch Anfängerfehler machen und werden hoffen, dass man sie Ihnen zugesteht, tun Sie es also auch!

Und je besser Ihre neuen »Haushaltsgeister« funktionieren, desto entbehrlicher werden Sie sein. Das schmeckt den wenigsten Frauen auf Anhieb, denn ein Stück ihrer Rolle, die sie vielleicht Jahre ausgefüllt haben, löst sich in Luft auf, aber keine Angst: In ein paar Wochen oder Monaten haben Sie eine neue Beschäftigung und dann werden Sie froh über Ihre Entbehrlichkeit zu Hause sein.

Testen Sie auch während dieser Phase schon die externen Stellen, auf die Sie angewiesen sind, das heißt Kindergarten etc., und probieren Sie die neuen Wege und Zeiteinteilungen aus, bis sie Ihnen alle in Fleisch und Blut übergehen.

Und wenn Sie jetzt plötzlich Zeit haben und noch keinen

Job, dann genießen Sie sie, schreiben Sie Ihre Bewerbung, lehnen Sie sich einmal zurück und beginnen Sie sich Stück für Stück von Ihrem alten Leben zu verabschieden.

Testphase abgeschlossen – dann bewerben Sie sich

Die eigentliche Bewerbung können Sie natürlich auch schon starten, während Sie noch in der Testphase sind und langsam mehr Zeit für sich gewinnen, aber den Jobbeginn, den sollten Sie wirklich erst jetzt wagen. Nur so haben Sie ein gutes Gefühl und können Ihre geistige Energie auf die Zukunft und die neuen Anforderungen richten. Nur so müssen Sie nicht ständig mit einem Anruf oder einer Katastrophe zu Hause rechnen. Nur so werden Sie Ihren Job richtig gut machen, alle Beteiligten werden zufrieden sein und der Start wird gelingen.

Und nur vor diesem wirklich aufgeräumten Hintergrund werden Sie im Vorstellungsgespräch auf die Frage, ob zu Hause alles in Ordnung ist, »Ja, alles gut organisiert« antworten können. Diese Ehrlichkeit merkt der Gesprächpartner Ihnen an, weil sie entsprechende Sicherheit ausstrahlen werden.

Denken Sie auch noch einmal in dieser Phase daran, dass Ihnen eine weibliche Vorgesetzte oder Personalreferentin gegenübersitzen und Sie befragen könnte, die vielleicht selbst Mutter ist. Sie wird die Schwachpunkte einer Planung aus eigener Erfahrung vielleicht noch genau erinnern und ihren Finger in die Wunde legen.

Ich war kürzlich in einer Diskussionsrunde für ein großes deutsches Frauenmagazin, in der es unter anderem um die Kombination von Kind und Beruf ging. Darin saß auch eine Unternehmerin, die gleichzeitig Mutter von zwei Kindern war. Sie berichtete, wie gnadenlos sie die bei ihr angestellten Mütter vor dem Wiedereinstieg befragt. Und sie machte sehr deutlich, dass jede Frau, die nicht sämtliche Notfallüberlegungen lückenlos darlegen könne, von ihr »erst mal nach Hause geschickt wird, bis es passt«. Also: Planen Sie für den Ernstfall!

Die erfolgreiche Bewerbung nach langer Pause

Dieses Kapitel wendet sich an alle Frauen, die nicht beim selben Arbeitgeber wie vor der Geburt wieder einsteigen, die eine Familienpause über die Elternzeit hinaus genommen haben oder sich nach der Elternzeit um eine neue Tätigkeit bemühen wollen. Wie erwähnt, beginnen nur 25 Prozent der Rückkehrerinnen wieder auf ihrer alten Stelle. Alle anderen suchen sich ein neues Unternehmen oder eine neue Funktion im alten Unternehmen. In eine Vollzeitbeschäftigung nach der Elternzeit gehen nur 10 Prozent der Frauen in Westdeutschland, im Osten sind es 23 Prozent. Nur 60 Prozent der Frauen sind während der Elternzeit ganz zu Hause.* Insofern wird auf viele Frauen eine erneute Bewerbung zukommen.

Es wird zwar nicht Ihre erste Bewerbung sein und über Berufserfahrung verfügen Sie auch bereits, dennoch möchte ich Ihnen aus der Sicht einer Personalmanagerin einige Insidertipps zum Bewerbungsverfahren geben. Die Ansprüche und das Angebot für die Arbeitgeber sind größer geworden, und so ist die Konkurrenz, der Sie sich stellen müssen, auch größer geworden.

Einige Kapitel sind im Folgenden unterteilt in Klein-, Mittel- und Großunternehmen, denn für diese drei gelten manche Dinge in unterschiedlichem Maße. Alles, was nicht unterteilt ist, gilt für alle drei Größen gleichermaßen.

Unterscheidung in Klein-, Mittel- und Großbetriebe

Unter einem typischen **Kleinbetrieb** verstehe ich Firmen mit fünf bis fünfzig Mitarbeitern. Es sind oft Einzelhandelsunternehmen, Handwerks- oder Handelsbetriebe, kleine Fabrikationsunterneh-

* Quelle: Bundesministerium für Familie, Senioren, Frauen und Jugend, 11-2004

men, Friseure, Arztpraxen, Floristen, Telefonagenturen, PC-Reparaturbetriebe oder Ähnliches. Im Regelfall haben diese Betriebe niemanden, der speziell für die Personalarbeit zuständig ist; das Einstellen von Mitarbeitern und die Gesprächsführung obliegen dem Chef, dem Inhaber oder der Inhaberin, Filialleiterin oder wie die jeweilige Bezeichnung jeweils lautet.

Mittelgroße Betriebe umfassen eine große Bandbreite und sind meistens zwischen fünfzig und tausend Mitarbeiter stark. Es können Industrie- oder Lebensmittel-Produktionsunternehmen mit eigenem Fertigungsbereich sein, große Reinigungs- oder Einzelhandelsunternehmen mit mehreren Filialen (zum Beispiel Kaufhäuser), aber auch kleinere Krankenhausbetriebe. All diese verfügen meistens über einen Personalleiter, eine Personalabteilung und/oder einen Betriebsrat. Einige haben verschiedene Standorte, zum Beispiel Autohäuser, die jeweils vor Ort dann zu den Kleinbetrieben gehören. Hier ist der erste Ansprechpartner immer die Personalabteilung, die Ihnen verbindlich sagen kann, welche Stellen frei sind oder durch Kündigung oder Rente demnächst frei werden. Sie informiert Sie über Anforderungen etc. gern auch schon telefonisch, verlangt für ein Vorstellungsgespräch aber immer die schriftlichen Unterlagen vorab, um sich ein Bild von Ihnen und Ihrer Arbeitsweise zu machen.

Der Vorteil im mittelständischen Unternehmen ist, dass in der Regel ein Ansprechpartner über alle freien Stellen Bescheid weiß und für Bewerber die Auskünfte aus einer Hand gleichermaßen kompetent und transparent sind.

Was Sie in Unternehmen grundsätzlich vermeiden sollten, ist, eine Bewerbung an den Betriebsrat zu richten. Er ist zwar nachher für die Betreuung der Mitarbeiter zuständig, nicht jedoch für den Eintritt ins Unternehmen. Jeder Entscheider würde Ihnen diesen Schritt übel nehmen und Sie nicht einladen beziehungsweise einstellen. Der Betriebsrat ist für die Bewerbungsphase eindeutig der verkehrte Ansprechpartner.

Sollten Sie privat ein Betriebsmitglied kennen, fragen Sie ihn nach der richtigen Ansprechperson im Unternehmen für Ihre Bewerbung, an die Sie sich dann schriftlich wenden.

Großunternehmen haben meistens mehrere tausend Mitarbeiter weltweit verteilt und innerhalb ihres Konzerns mehrere mittelständische Unternehmen vereinigt, sodass eine Siemens-Tochter vor Ort sehr wohl »mittelgroß« sein kann. Im Großunternehmen finden sie die spezialisierteste Personalabteilung, meistens auch jemanden, der für Aushilfen und Praktikanten zuständig ist (wie im Kapitel *Einige Gründe für Ihre weitere Berufstätigkeit* beschrieben). Man kann fast sagen, dass die Bewerbungsunterlagen für Großunternehmen am anspruchsvollsten sein sollten. Hier wird sehr genau hingeschaut, die pragmatische »Hemdsärmeligkeit« des Mittelstandes findet sich nicht so häufig. Hier geht die Unterscheidung über die Form der Bewerbung eher danach, ob Sie sich für einen gewerblichen Job als Arbeiterin oder als Sachbearbeiterin im kaufmännischen Bereich oder als Führungskraft bewerben wollen. Darauf wird später noch näher eingegangen.

Im Großunternehmen werden Sie nicht mit einer Ansprechperson auskommen, sondern im Zweifel mehrere Personalabteilungen haben, da jede nur für einen inhaltlichen Bereich zuständig ist und sie sich untereinander leider nicht immer austauschen. Hier ist die telefonische Recherche nach den richtigen Namen unabdingbar und Sie müssen im Vorab-Telefonat bereits genau beschreiben, welchen Job Sie machen möchten und ob als Aushilfe oder als unbefristete Mitarbeiterin. Und die Bezeichnung Sachbearbeiterin allein reicht leider nicht, da man diese im Vertrieb, im Marketing, in der Buchhaltung oder im Personalwesen findet, und für diese vier Abteilungen sind vielleicht unterschiedliche Personen zuständig.

Über den Arbeitsmarkt informieren

Vom Lesen der Stellenanzeigen bis hin zum Beratungsgespräch beim Arbeitsamt gehört hier alles hinein, das Ihnen einen Überblick über die Stellensituation in Ihrem Fachgebiet verschafft.

- Bereits zum Thema Weiterbildung haben Sie eventuell Kontakt zum Arbeitsamt aufgenommen und sich beraten lassen. Fragen Sie dieselbe Beraterin nun nach geeigneten Arbeitsplätzen in Ihrem Einzugsgebiet, und lassen Sie sich aus dem Computer die Firmen nennen, die dem Arbeitsamt Bedarf gemeldet haben. Das tun übrigens mehr Firmen, als man glaubt, besonders Klein- und Mittelbetriebe. Das Arbeitsamt schickt oft schnell eine geeignete Kraft, ist somit gern gesehener Dienstleister für die Unternehmen.

- Ebenso geeignet als Informationsquelle sind die Handwerks-Industrie- und Handelskammern. Hier erfahren Sie alles über Firmen, ihren »Gesundheitszustand«, manchmal auch freie Stellen oder etwas über die Produkte und das Image des Unternehmens.
- Haben Sie eine Umschulung oder Weiterbildung absolviert, fragen Sie gegen Ende des Kurses nach, welche Unternehmen Ihr Kursleiter oder die Leitung des Instituts kennt und ob er etwas über deren Bedarf an Mitarbeitern weiß. Viele Seminaranbieter verfügen über zahlreiche und gut gepflegte Unternehmenskontakte und werden von den Arbeitgebern inzwischen direkt um neue Mitarbeiter und nach deren Qualifikation und Eignung gefragt.
- Surfen Sie im Internet nach freien Stellen oder informieren Sie sich über Ihr Wunschunternehmen genauer. Es gibt eine Reihe von Stellenbörsen, die allerdings nicht sehr regional sind und auch kaum Teilzeitangebote bieten. Jedoch verschaffen sie einen wertvollen Überblick über Trends auf dem Arbeitsmarkt. Für Vollzeittätigkeiten gibt es im Internet eine große Auswahl an Angeboten. Einige Adressen von großen und namhaften Stellenmärkten im Netz sind zum Beispiel:
  www.arbeitsagentur.de: Angebot des Arbeitsamtes für alle Branchen und Unternehmensbereiche im In- und Ausland. Umfassende Informationen von der Bewerbungsberatung bis hin zu weiteren Kontaktadressen.
  www.jobsadverts.de, www.jobpilot.de und www.job.de: Hier finden sich auch Praktika und Einstiegspositionen für Berufsanfänger sowie umfangreiche Unternehmensdaten, um sich einen Überblick zu verschaffen.
  www.deutscher-stellenmarkt.de: Diese Website ist nach Branchen und Berufsfeldern strukturiert, bietet Jobs für Fach- und Führungskräfte unterschiedlichster Unternehmensgrößen und Branchen.
  www.careernet.de: Eine der typischen Jobbörsen für Studen-

ten, Absolventen, Jungunternehmer und alle, die Karriere machen wollen. Ebenso Links zu Karriere- und Bewerbungstipps.
www.stepstone.de: Ebenfalls eine gut sortierte und strukturierte Stellenbörse, die sich nicht mehr überwiegend an Fach- und Führungskräfte wendet, sondern sehr breit aufgestellt ist. Da es laufend Veränderungen und Neueinträge bei den Internet-Stellenbörsen gibt, können Sie sich über aktuelle Änderungen unter www.stellenboersen.de informieren. Dort finden Sie eine sehr gute und umfassende Aufstellung aller überregionalen und regionalen Stellenbörsen, deren Inhalte, Empfehlungen zur Nutzung etc.

- Lesen Sie Stellenanzeigen und die kostenlos verteilten Anzeigenblätter, darin finden sich häufig auch Teilzeit-Arbeitsplätze.

Ein eigenes Stellengesuch aufgeben

Da Personalverantwortliche oder Unternehmer, die heute eine Stelle zu besetzen haben, mit großen Mengen an Bewerbungen rechnen müssen, die eine Menge Arbeit bedeuten, gewinnen Stellengesuche wieder an Bedeutung. Durch die Beantwortung von Stellengesuchen in der Zeitung sparen Arbeitgeber Anzeigenkosten und jede Menge Verwaltungsaufwand, den sie hätten, wenn sie 50-100 Zuschriften auf ein eigenes Inserat bekämen.

Gerade wenn Sie sich regional gebunden für eine Teilzeitbeschäftigung in der Nähe Ihres Wohnortes interessieren, kann sich eine eigene Anzeige in der örtlichen kostenlosen Wochenzeitung oder in der regionalen Tagespresse also durchaus lohnen. Der Text kann sehr kurz, aber professionell und konkret gehalten werden, z.B. wie folgendes Eigengesuch:

»Gelernte Speditionskauffrau, 33, seit 10 Jahren qualifizierte Berufserfahrung als Sachbearbeiterin, gute Englischkenntnisse in Wort und Schrift, sicher am PC, sucht Teilzeitbeschäftigung im Raum Böblingen. Zuschriften bitte unter Chiffre AB2341, XY-Verlag, Anschrift des Verlages.«

Oder: »*Friseurin, 27, seit 12 Jahren im Beruf, trendsicher und sehr gut ausgebildet in Farbe und Styling, kundenorientiert, flexibel in der Arbeitszeitgestaltung, sucht ein neues Tätigkeitsfeld im Raum Bad Bebensen. Zuschriften bitte unter: Chiffre SVC234, Verlagsanschrift ...*«.

Bei beiden Annoncen wurde bewusst nicht erwähnt, dass Sie Mutter sind oder wie lange die Zeit der Unterbrechung Ihrer Berufstätigkeit war, das können Sie im persönlichen Gespräch immer noch erläutern. Aus beiden Inseraten geht jedoch hervor, welche Qualifikation Sie mitbringen und was Sie ungefähr suchen. Gleichzeitig bleiben Sie offen genug für eine Bandbreite von möglichen Einsatzfeldern. Je breiter Sie die Annonce gestalten, umso zahlreicher die Antworten.

Die Muster beinhalten eine Chiffre-Adresse des Verlages, das hat mehrere Vorteile. Zum einen wirkt dieses Verfahren seriös und schreckt gleichzeitig alle unseriösen Anbieter von Jobs ab, denn die Mühe, Sie anzuschreiben, macht sich so schnell keiner, der es nicht ernst meint. Zweitens ist keine Telefonnummer angegeben, unter der Sie vielleicht gerade »auf dem falschen Fuß« erwischt werden könnten. Ein Anrufer erreicht Sie vielleicht gerade bei der lautstarken Vorbereitung des Mittagessens mit Kindern im Hintergrund oder bei laufendem »Lars der Eisbär«-Video, das Sie erst abstellen müssten, oder auf dem Handy, wenn Sie mit Ihrer Freundin gerade H&M durchstreifen.

Die Schriftform ist sicherer, diskreter und professioneller und lässt Ihnen die Chance, selbst zu reagieren.

Für den Fall, dass Sie regional nicht zu eng gebunden sind und eine qualifizierte Tätigkeit suchen, kann sich ein Selbstinserat online lohnen. Einige Stellenbörsen im Internet bieten diese Funktion inzwischen an.

Stellenanzeigen richtig lesen

Die Muster für dieses Kapitel habe ich aus klassischen Stellenmärkten ausgewählt, dem *Hamburger Abendblatt* als Regionalzeit mit umfangreichem Stellenmarkt für Norddeutschland, zwei regional vertretenen Anzeigenblättern, die kostenlos verteilt werden, sowie der *Bild Zeitung*.

Sortiert habe ich die Angebote nach gewerblichen und kaufmännischen Tätigkeiten, Inserate für Führungskräfte habe ich nicht ausgewählt, weil sie alle keine Angebote für Mitarbeiterinnen aussprechen, die einige Jahre Pause gemacht haben oder gar eine Teilzeitbeschäftigung suchen.

Interessant für Sie ist es, zu erfahren, was eigentlich in Stellenanzeigen gemeint ist und wie sie zu bewerten sind.

Von einer Verhältnismäßigkeit können Sie im Stellenmarkt sicher ausgehen: Je größer die Anzeige, umso größer das Unternehmen und umso spezieller das Anforderungsprofil und umso besser ausgebildet ist die sicher vorhandene Personalabteilung.

Das heißt nicht, dass in kleinen Anzeigen nicht manchmal die interessanteren Aufgaben stehen. Es ist häufig einfach so, dass Kleinunternehmen keine Spezialisten beschäftigen, die eine Anzeige texten können. Und sie sind oft nicht bereit oder willens, mehrere tausend Euro für eine Anzeige auszugeben. Diese Firmen geben ihre Angebote oft mit genauso viel Erfolg an das Arbeitsamt weiter oder suchen ihre neuen Mitarbeiter in regionalen Anzeigenblättern vor Ort.

Gewerbliche Stellenanzeigen

Die Zeitungen sind voll mit gewerblichen Anzeigen, doch enttäuschend dünn ist die Ausbeute an solchen, die sich die Mühe machen, etwas über die gewünschte Tätigkeit zu schreiben. Ein Anzeichen dafür, dass die Firmen großen Bedarf haben, ist auch die Tatsache, dass es zunehmend Zeitarbeitsfirmen sind, die für die Suche nach gewerblichen Mitarbeitern von Auftraggebern um Hilfe gebeten werden. Meist steht nur eine Telefonnummer dabei, sodass Sie für nähere Informationen erst einmal anrufen müssen. Dazu dient als Vorbereitung sehr gut das folgende Kapitel *Der professionelle Telefonkontakt*. Denn bevor Sie auf einen solchen Zweizeiler eine Bewerbung starten, sollten Sie einige Informationen abfragen.

Und Vorsicht ist geboten:

- bei allen Anzeigen, die das schnelle und einfache Geld versprechen (solche Jobs gibt es nicht!), zum Beispiel: »*Erfolgreich arbeiten von zu Hause aus! Euro 2.214,– bis Euro 6.350,– im Monat möglich.*« (Info-Telefonnummer ohne Firmennamen) Allein die künstlich auf »echt« getrimmten Geldbeträge schreien zum Himmel;
- bei Anzeigen, die keinen Firmenabsender haben, und
- bei allen, die den folgenden Tenor wiedergeben: »*Zwei nette Kolleginnen bis ca. 25 Jahre für verschiedene Aufgabenbereiche gesucht. Gern auch ungelernt. Überdurchschnittliche Bezahlung.*« (Kein Firmennamen, aber eine Telefonnummer.) Sparen Sie sich die Nachfragen. Hier handelt es sich im besten Fall um unseriöse Geschäftemacher.

Kaufmännische Stellenanzeigen

Hier habe ich bewusst nach Teilzeitangeboten geschaut. Nur in einer Anzeige werden ausdrücklich Wiedereinsteigerinnen gesucht. Umso wichtiger für Sie, dass Sie auch in Ihrer eigenen Bewerbung möglichst wenig darauf eingehen, dass Sie gerade eine Familienzeit hinter sich hatten und ein wenig aus der Übung sind, was den Beruf anbelangt. Wie Sie dieses Thema elegant umgehen, lesen Sie im weiteren Verlauf dieses Kapitels.

> *»Ihre Chance als Wiedereinsteigerin oder Umsteigerin: Sie suchen nach geraumer Zeit einen Wiedereinstieg, möchten studienbegleitend langfristige qualifizierte Berufserfahrung sammeln oder einfach als Persönlichkeit mit Mut zur Veränderung eine neue Herausforderung wagen?*
>
> *Dann möchten wir gerne mit Ihnen gemeinsam unseren Erfolgskurs fortsetzen. Dazu benötigt unser motiviertes Team zum 1.7.06 oder später neue Kolleginnen als Kundenbetreuerinnen in Voll- und Teilzeit (16-39 Stunden).*
>
> *Wir sind eine moderne und expandierende Direktbank mit 750 Mitarbeitern.*
>
> *Ihre Aufgabe: Als Ansprechpartnerin geben Sie unseren Kunden telefonische Auskünfte über unsere Leistungspalette, nehmen Aufträge zum Wertpapiergeschäft oder andere Dienstleistungen entgegen und führen sie online aus.*

Ihr Profil: Für diese interessante Tätigkeit sollten Sie eine ausgesprochen positive Serviceorientierung und Freude am Medium Telefon mitbringen. Sie sind flexibel und zeichnen sich durch hohe Lernmotivation aus.« (Firmenname und Telefonnummer sowie Ansprechpartnerin)

Ein guter Job, denn man wird viel Ausbildung in Sie investieren. Sie können die Arbeitszeiten flexibel gestalten und werden auf einige gleichgesinnte Kolleginnen treffen. Letztlich ist es ein typischer Callcenter-Job, der hier allerdings sehr positiv und professionell verkauft wird. Sie werden sich nicht vom Telefon wegrühren können und ziemlich eingleisige Kommunikationswege haben: Computer und Telefon. Wenn Ihnen das Spaß macht, ist eine solche seriöse Anzeige jedoch eine schriftliche Bewerbung wert.

»Wir sind eine internationale Handelsfirma mit eigenen Niederlassungen in verschiedenen Ländern und befassen uns überwiegend mit dem Import von Gießereierzeugnissen. Wir suchen möglichst kurzfristig eine Sekretärin/Sachbearbeiterin mit Erfahrungen im kaufmännischen Bereich und guten Englischkenntnissen in Wort und Schrift sowie Steno.

Sie arbeiten im jungen Team und sind überwiegend für die Geschäftsleitung tätig. Zunächst benötigen wir Sie für ca. 4 Stunden täglich oder flexibel 20 Stunden die Woche. Bei guter Zusammenarbeit ist eine Vollzeitbeschäftigung ab Sommer 2006 denkbar. Bitte bewerben Sie sich schriftlich.« (Firmenname und Telefonnummer sowie Ansprechpartnerin)

Genau der vorletzte Satz könnte für Sie ein K.o.-Kriterium sein, denn diese breite Flexibilität zwischen zwanzig und vierzig Stunden werden Sie vielleicht nicht einrichten können. Rufen Sie also an und fragen Sie nach, ob es Sinn macht, anzufangen, wenn man auch auf Dauer nur Teilzeit arbeiten möchte. Die inhaltlichen Anforderungen sind auch für Wiedereinsteigerinnen zu schaffen. Der Computer scheint hier noch keinen Einzug gehalten zu haben, und die erforderlichen Steno-Kenntnisse lassen auch auf eine eher altmodisch organisierte Firma schließen. Das junge Team, von dem gesprochen wird, spricht dagegen. Auch dies eine Frage für das

Vorab-Telefonat: Arbeitet man mit modernen Textverarbeitungssystemen?

> *»Wir sind mit innovativen Ideen und intelligenter Umsetzung einer der führenden Anbieter von Geräte- und Systemlösungen im Heizungs-, Lüftungs- und Gebäudemanagement. Mit kompetenten und anwenderorientierten Lösungen heben wir uns von unseren Mitbewerbern ab.*
>
> *Unsere Niederlassung Hamburg sucht eine Sachbearbeiterin mit einer interessanten Arbeitszeit: eine Woche Freizeit, eine Woche Arbeit – für unsere Auftragsabteilung. Sie haben eine technische Ausbildung und beherrschen das Microsoft-Office-Paket. Erfahrungen in Elektrotechnik sind von Vorteil. Es erwartet Sie ein vielseitiges und abwechslungsreiches Aufgabengebiet, das Sie mit Organisationstalent und Eigeninitiative gestalten können.«* (Firmenname, Ansprechpartner und Telefonnummer)

Etwas unverbindlich im Ton, denn was genau ist die Aufgabe? Und was daran kann man gestalten? Nachfragen ist angesagt, ebenso wie die Frage, ob auch andere Arbeitszeitmodelle denkbar sind, wenn Sie dieses nicht erfüllen können. Auch die Frage nach der technischen Ausbildung sollte man noch einmal beleuchten: Was genau ist gemeint und kann man den Job auch ohne eine solche Ausbildung schaffen? Ist er etwas für Frauen, oder sollte das der dezente Hinweis sein, dass Männer willkommener wären? Ansonsten sind die Bedingungen klar erklärt, und es scheint sich um ein professionelles Unternehmen zu handeln.

Es sind auf jeden Fall schon Stichworte enthalten, mit denen Sie sich bewerben können als Wiedereinsteigerin: Organisationstalent und Eigeninitiative. Daran könnten Sie in Ihrem Anschreiben später anknüpfen.

Eines wird bei allen Anzeigen deutlich: Den wenigsten gelingt es, lückenlos aufzuklären, was genau sie suchen und was Sie mitbringen sollen. Das geht oft aufgrund des Platzmangels nicht. Aber es eröffnet immer Gesprächsmöglichkeiten, um nachzuhaken und einen Anruf zu starten.

Und da kaum eine Firma das Idealprofil finden wird – und oft gar nicht erst sucht –, haben Sie immer die Chance, durch pfiffige Texte genau sich selbst für diesen Job als Idealbesetzung zu erklären. Da keine Ausschlusskriterien vorgegeben sind, ist es zumindest einen Versuch wert.

Lassen Sie sich von einer Stellenanzeige nicht abschrecken. Wenn sie Ihnen nur im Ansatz zusagt und Sie fachlich auf der geforderten Höhe sind: Anrufen und nachfragen!

Der professionelle Telefonkontakt

Sie haben die Anzeigen studiert, das Arbeitsamt befragt und sich Firmen herausgeschrieben, bei denen Sie sich bewerben möchten. Führen Sie nun unbedingt ein erstes Telefonat, bevor Sie sich auf den Weg zum Spontanbesuch oder an den Computer zum Schreiben der Bewerbung begeben.

Das Risiko einer Absage steigt enorm, wenn Sie nicht vorher anrufen, weil circa 80 Prozent der Absagen aus dem Grunde verschickt werden, weil schlicht und ergreifend keine freie Stelle vorhanden ist, auf die der Bewerber passt. Und genau das sollten Sie vorab erfragen und sich somit Portokosten und eine Menge Frust ersparen, falls Tage später ein großer brauner Umschlag zurückkommt. Sie müssen also zum einen erfragen, ob eine Stelle frei ist, die zu Ihren Vorstellungen passt, und gleich ergänzend herausfinden, welche besonderen Voraussetzungen erwünscht sind.

Aber Vorsicht: Bereiten Sie dieses Telefonat gründlich vor, denn sonst können Sie leicht in eine Falle tappen. Ihr Gesprächspartner auf der anderen Seite des Telefons hat ein geübtes Ohr und selektiert sofort im Kopf, ob Sie passen könnten oder nicht. Er macht sich Notizen, wird vielleicht Ihren Namen aufschreiben, und professionelle Personalabteilungen geben sogar in ihre Datenbank bei völlig unpassenden Anrufern gleich ein paar Notizen unter dem Namen ein, sodass im Falle der schriftlichen Bewerbung diese sofort ganz kritisch gelesen oder sofort abgesagt wird.

Die Vorbereitung für ein Telefonat mit einem eventuellen späteren Arbeitgeber sollte eine qualifizierte Einleitung und die Auflistung Ihrer konkreten Fragen, möglichst nach Themen sortiert, umfassen. Legen Sie sich für das Telefonat die Stellenanzeige, etwas zu schreiben und Ihre Fragen zurecht.

Die Einleitung

Melden Sie sich laut und deutlich mit Ihrem vollen Namen, das macht von vornherein einen kompetenten Eindruck. Lassen Sie sich zum wirklichen Entscheider durchstellen. Die Telefonistin wirkt zwar oft, als sei sie in allen Fragen kompetent, aber sie ist es nicht. Also fragen Sie nach dem Ansprechpartner, den Sie entweder aus dem Stelleninserat entnommen haben, oder nach dem, der für die Personalfragen im Hause zuständig ist. Lassen Sie sich den Namen des Ansprechpartners geben und schreiben Sie sich diesen und seine Telefondurchwahl auf, sodass Sie ihn später unabhängig von den Dienstzeiten der Telefonzentrale anrufen können. Lassen Sie sich nicht abwimmeln. Auf die Frage, worum es denn geht, antworten Sie entweder, »um eine Bewerbung«, wenn eine Stelle ausgeschrieben ist, oder »um etwas Persönliches«.

Wenn Sie verbunden werden, begrüßen Sie gleich den anderen mit Namen, nach dem Motto: »Guten Tag, Herr Müller, mein Name ist Britta Meier.« Dann formulieren Sie Ihr Anliegen konkret. Tun Sie dies bereits zu Beginn des Gesprächs, damit der andere sein Gehirn gleich auf Ihre Frage programmieren kann. Viele Anrufer bei Personalabteilungen schütten erst einmal alle Daten ihres Lebenslaufs durchs Telefon und fragen am Ende den schon erschöpften Gesprächsteilnehmer, ob er »was Passendes« frei hat.

Also lieber anders herum: Fragen Sie, ob eine Stelle als Sachbearbeiterin, Buchhalterin, Versandarbeiterin, Controllerin oder was auch immer Sie suchen frei ist, oder beziehen Sie sich auf die im Inserat ausgeschriebene Stelle. Wenn Ihr Gesprächspartner so weit bejaht, schieben Sie aus Höflichkeit und Eigeninteresse noch die Frage nach, ob er gerade Zeit für ein kurzes Telefonat hat. Hat er diese nicht oder ist er an dieser Stelle sehr kurz angebunden, fragen Sie ihn, wann Sie es später noch einmal probieren können. Fragen Sie nicht ob, sondern wann, das ist schwerer abzuwimmeln. Meistens klappt es dann »zufällig« doch sofort, wenn er merkt, dass er Sie doch nicht so schnell los wird.

Erst dann fassen Sie nach, welche Arbeitszeit Ihnen vorschwebt: »Eine Teilzeitbeschäftigung oder flexible Arbeitszeiten wären mir am liebsten, ist das bei Ihnen auch möglich?«

Verschließen Sie sich nicht die Chance, aus einer eigentlich als Vollzeit ausgeschriebenen Stelle eine Teilzeitposition für sich zu machen, manchmal gibt es diese Möglichkeit, insbesondere dann, wenn die Not des Arbeitgebers groß ist und er die Position nicht besetzen kann.

Erst jetzt ergänzen Sie: »Ich würde Ihnen gern einige Stichworte aus meinem Lebenslauf nennen, ob wir grundsätzlich zueinander passen, bevor ich Ihnen Arbeit mit meinen schriftlichen Unterlagen mache.« Spätestens hier fühlt sich der Angerufene umschmeichelt, denn Sie denken an ihn, und das ist Teil des Geheimnisses vom Umgang mit Personalverantwortlichen.

Personalleiter oder andere Entscheider im Unternehmen wollen als Menschen gesehen werden und freuen sich, wenn sich jemand in sie hineinversetzt. Das geht später bei der Gestaltung der schriftlichen Unterlagen weiter. Denken Sie daran: Sie wollen etwas verkaufen, nämlich Ihre Arbeitsleistung. Und der andere ist im Moment Ihrer Bewerbung der Kunde, dem Sie das Produkt schmackhaft machen wollen.

Insofern tun Sie gut daran, sich immer einen realen Kunden oder Abnehmer für Ihr Produkt auszumalen, mit dem Sie sprechen, dem Sie etwas schicken oder mit dem Sie auf sonstigen Wegen Kontakt aufnehmen.

Der zweite Hauptaspekt des Telefonats ist Ihre Professionalität. Schalten Sie alle Hintergrundgeräusche beim Telefonieren aus, die Ihrer Kinder, des Hundes, der Geschirrspülmaschine, des Fernsehers. Seien Sie auch innerlich ungestört, nicht auf dem Sprung und nicht abgehetzt. Rauchen Sie nicht und halten Sie eine Aufsicht für Ihre Kinder bereit, und telefonieren Sie nur, wenn Sie allein sind. Man hört am anderen Ende alles. Und Sie sollten alles vermeiden, was Sie schon zu diesem Zeitpunkt in eine zu »preiswerte« oder mütterliche Ecke stellt, denn Sie haben ja etwas anzubieten.

Also: Sorgen Sie für professionelle Atmosphäre und sprechen Sie im professionellen Ton. Üben Sie ein solches Gespräch vorher mit einer Freundin, dann fällt Ihnen der Ernstfall leichter. Übrigens: Wollen Sie den Job wirklich haben, werden Sie beim Telefonieren beinahe genauso aufgeregt sein wie in einem echten Vorstellungsgespräch, und das ist gut so. Merken Sie, dass Sie es sehr lässig angehen und keine besonderen Regungen verspüren, dann ist es Ihnen wohl nicht so ernst mit dem Job oder dem Unternehmen.

Ihre möglichen Fragen

- Wann ist der gewünschte Eintrittstermin?
- Welche Arbeitszeiten sind möglich, wie viele Wochenstunden und nach welcher Verteilung?
- Was genau ist gemeint mit der Formulierung in der Anzeige, dass man für »unterschiedlichste Bereiche« zuständig sei?
- Welche Voraussetzungen sind außer den in der Anzeige genannten noch erforderlich?
- Wie geht das Bewerbungsverfahren weiter? Welche Schritte folgen nun?

Fragen Sie zu diesem Zeitpunkt noch nicht nach dem Gehalt. Ihr Ziel muss es sein, einen Termin für ein persönliches Gespräch zu bekommen, denn damit hätten Sie die höchste Hürde schon genommen.

Das Gesprächsende

Beenden Sie das Gespräch von sich aus rechtzeitig, sodass Sie gar nicht erst in die Situation kommen, »abgewürgt« zu werden. Der Eindruck, der von Ihnen im Raum hängen bleiben soll, ist ein positiver.

- Bedanken Sie sich höflich für die umfassende Information und die Zeit für das Telefonat und verabreden Sie, wie es konkret weitergeht: Sollen Sie etwas Schriftliches schicken, wenn ja, was genau und zu wessen Händen?
- Oder möchte man gleich einen Termin mit Ihnen verabreden, und was sollen Sie dann mitbringen?

Das Nachfass-Telefonat

Das Telefonieren kann man im Bewerbungsprozess übrigens auch sehr gut nutzen, um aus Fehlschlägen zu lernen. Dies wird erstaunlich selten genutzt, schätzungsweise von 3-5 Prozent der Bewerber, die auf eine schriftliche Bewerbung eine Absage erhielten.

Nutzen Sie die Chance und rufen Sie den Unterzeichner Ihrer schriftlichen Absage an und fragen Sie ihn, »was genau« zur Absage geführt hat. Dass die Stelle schon besetzt war, kann Ihnen aufgrund der Telefon-Aktion vor der Bewerbung nicht mehr passieren.

Die häufigste Antwort von Personalentscheidern ist hier meist auch die harmloseste, nämlich: »Ein anderer Kandidat passte einfach noch besser zum Profil als Sie.« Das stimmt in der überwiegenden Mehrzahl der Fälle, schließlich hat man sich am Ende ja auch für jemand anderen entschieden, aber Sie interessiert das Warum, also fragen Sie ruhig nach, Sie haben nichts zu verlieren. Insbesondere die Gründe nach einem persönlichen Bewerbung sind aufschlussreich: Haben Sie falsche Fragen gestellt, wie kamen Sie rüber, was an Ihnen passte nicht?

Die meisten Angerufenen sind nicht auf Anhieb gesprächs- oder auskunftsfreudig, denn sie möchten weder Bewerber persönlich verletzen noch in eine Diskussion über die Absagegründe verwickelt werden. Daher müssen Sie Ihre Gesprächspartner geradezu ermuntern, sich auf Inhalte einzulassen. Z.B. mit folgender Formulierung: »Wissen Sie, ich möchte Ihre Absage als Chance nutzen, daraus für die Zukunft zu lernen, und Sie sind Profi. Darf ich Sie fragen, was ich hätte besser machen können?« So hört jemand eindeutig heraus, dass Sie die Wahrheit hören möchten, und wird sich darauf einlassen. Und danach bedanken Sie sich für die Antwort und diskutieren Sie diese bitte auf keinen Fall. Selbstverständlich ist die Aussage des Gesprächspartners subjektiv und Sie haben das eine oder andere vielleicht ganz anders gemeint, aber hier geht es darum, dass Sie erfahren, wie Sie auf jemanden gewirkt haben – und das ist sehr kostbar!

Das Gleiche gilt nach einer schriftlichen Bewerbung: Nutzen Sie das Know-how Ihres Gesprächspartners und fragen Sie ihn, wie er Ihre Bewerbung fand, ob die okay war. Die meisten Firmen machen sich eine Kopie Ihres Anschreibens zur Ablage, und oft macht man sich Notizen auf dem Anschreiben, warum die Absage erfolgte, sodass eine konstruktive Antwort möglich ist.

Die Gründe für Absagen können vielfältig sein, hier eine Auswahl:

Mögliche Absagegründe nach einer schriftlichen Bewerbung

- Das Anschreiben war zu allgemein gehalten oder falsch adressiert.
- Der Lebenslauf war zu unübersichtlich dargestellt und lückenhaft.
- Die Bewerbung war im Ton unverbindlich und nicht auf die Firma zugeschnitten.
- Die Zeugnisse oder Noten waren zu schlecht.
- Die Begründung für die Tätigkeit fehlte.
- Die Mappe war schmuddelig und ungepflegt.
- Der Textteil enthielt Rechtschreib- oder Flüchtigkeitsfehler.

Mögliche Absagegründe nach einem Vorstellungsgespräch

- Sie haben keine Begeisterungsfähigkeit gezeigt.
- Sie sind eine schlechte Zuhörerin gewesen und haben andere unterbrochen.
- Sie haben einen desinteressierten Eindruck hinterlassen.
- Ihr Typ passte einfach nicht zur Firmenkultur.
- Ihre Haltung signalisierte Unentschlossenheit.

Hier noch einmal die wichtigsten Tipps für das professionelle Telefonat:

- Strukturieren Sie das Gespräch vorher.
- Telefonieren Sie ungestört und aufrecht sitzend oder stehend.
- Sprechen Sie nicht vom Handy aus und nicht aus der lauten Telefonzelle.
- Wenn Sie eine Telefonzelle nehmen, achten Sie auf genügend Kleingeld oder eine ausreichend geladene Telefonkarte.
- Beachten Sie die allgemeinen Geschäftszeiten und rufen Sie nicht nach 17.30 Uhr an.
- Sprechen Sie langsam und deutlich, nennen Sie Ihren Namen, und sprechen Sie Ihren Gesprächspartner mit Namen an.
- Checken Sie ab, ob Sie gerade stören und gegebenenfalls später noch einmal anrufen sollen.
- Finden Sie von sich aus ein verbindliches und zügiges Ende.

Die schriftliche Bewerbung

Nachdem Sie im qualifizierten Telefonat die Hintergründe des Jobs und den richtigen Ansprechpartner herausgefunden haben, ist es nun Zeit für die Anfertigung einer schriftlichen Bewerbung.

Bei einigen Stellenanzeigen, insbesondere im gewerblichen Bereich oder Handwerk, ist es jedoch unüblich, sich mit einer schriftlichen Unterlage zu bewerben. Hier könnte zu viel eher schädlich sein und Befremden hervorrufen. Ob eine schriftliche Unterlage gefordert ist und welchen Umfang sie haben soll, haben Sie daher bereits im Telefonat erfragt.

Für alle kaufmännischen Berufe auf der Sachbearbeitungs- oder Sekretariatsebene, für den Empfang, die Telefonzentrale oder Ähnliches, empfiehlt sich das Anfertigen einer Bewerbungsmappe, wie im Folgenden beschrieben – für Führungspositionen natürlich auch.

Allgemeine Grundlagen

Die schriftliche Bewerbung ist die erste Arbeitsprobe, die ein Arbeitgeber von Ihnen erhält, daher ist außerordentliche Sorgfalt geboten. Dies gilt für die äußere Form, erst recht natürlich für den Inhalt. Erinnern Sie sich an da Kapitel *Besinnen Sie sich auf Ihre Stärken*, wo es um das Sichverkaufen ging? Hier taucht es wieder auf.

Ihre Bewerbungsmappe ist Ihre Verkaufsbroschüre. Ihre Arbeitskraft ist das Produkt, für das Sie werben. Versetzen Sie sich bitte einmal gedanklich in die Situation des Käufers, ob im Lebensmittel- oder Kleidungsbereich: Der Verkäufer und die Verpackung machen das Spiel. Ein schlechter Verkäufer hat uns doch schon so manchen Kauf vereitelt. Und ein neuer und teurer Schuh kann noch so hübsch und elegant sein – liegt er im angestaubten Regal, umgeben von einem hässlich braunen Karton, dann nehmen Sie ihn nicht, oder? Sie werden misstrauisch, weil die Mischung nicht stimmt, teurer Schuh im billigen Karton und angeschmuddelt, das passt nicht zusammen. So akzeptieren Sie ihn allerhöchstens als Schnäppchen mit großer Preisreduzierung. Keine schönen Aussichten, wenn Sie das auf Ihren eigenen Wert auf dem Arbeitsmarkt übertragen.

Eine schriftliche Bewerbung erfährt übrigens bei weitem nicht so viel Aufmerksamkeit, wie Sie hineingesteckt haben. Rund 20 Sekunden dauert der Blick eines Profis, und dann hat man entschieden, ob »Absage oder näher anschauen«. 20 Sekunden jedoch, die über Ihre Zukunft entscheiden – daher lohnt sich der Aufwand.

Die Reihenfolge dieses Lesens startet der Empfänger Ihrer Bewerbung mit dem Deckblatt oder Anschreiben, und nur wenn das Anschreiben zu mehr einlädt, wirft man einen Blick auf das Foto und den Lebenslauf. Ist dieser wiederum nicht übersichtlich und chronologisch aufgebaut, legt man ihn gleich zur Seite. Gefällt er hingegen, blättert man vielleicht sogar noch einmal zu den Zeugnissen. Aber nur bei sehr ausgeprägtem Interesse. Und dieser Blick fällt schon nicht mehr in die 20 Sekunden.

Das heißt für Sie: Das Herzstück Ihrer Bewerbung ist das Anschreiben, dann folgen das Foto und der Lebenslauf, alles andere ist zweitrangig.

Für alle schriftlichen Unterlagen gilt gleichermaßen Folgendes:

- Denken Sie bei allen Schriftstücken, die Sie erstellen, daran, was Ihre Zielsetzung ist: Sie möchten kompetent, versiert, professionell und vertrauenswürdig rüberkommen und einen wenn möglich gut bezahlten Job finden. Schauen Sie sich Ihre Unterlagen daraufhin immer wieder an, dann erkennen Sie selbst, ob die Bewerbung zumindest auf den ersten Blick gut ist oder nicht.
- Der Gesamteindruck muss gepflegt sein, vom Umschlag über die Klarsichthüllen, die Mappe selbst, über jedes einzelne Blatt bis hin zur Beschriftung des Umschlags und das Aufkleben der Briefmarke. Gerade in kleineren Unternehmen wird oft die Unterlage samt Umschlag weitergegeben, er ist also das Erste, was man von Ihrer Bewerbung sieht.

- Verwenden Sie weißes Papier, kein ökologisch angegrautes. Kleben Sie das Foto ein, nehmen Sie keine, womöglich noch rostige, Büroklammer, um es zu befestigen.
- Achten Sie auf absolute Fehlerfreiheit und leisten Sie sich keine Rechtschreib-, Kommasetzungs- oder Grammatikfehler. Sind Sie in solchen Fragen unsicher, lassen Sie jemanden Korrektur lesen und nutzen Sie das Rechtschreibprogramm Ihres Computers.
- Das Anschreiben und der Lebenslauf sowie das Deckblatt und alles, was Sie neu erstellen, sollten am besten am Computer geschrieben sein. Bitte senden Sie keine handschriftlichen Unterlagen. Die wirken unprofessionell und sind sehr anstrengend für den Leser und damit nicht kundenorientiert.
- Achten Sie auf Vollständigkeit, das heißt, dass Sie alles eingetütet haben, was zusammengehört, dass Sie die richtige Bewerbung im richten Außenumschlag haben. Peinlich wäre es, wenn Ihnen zwei Tage später in einem Papierstapel zu Hause plötzlich Ihr Lebenslauf in die Hände fiele und Sie ihn dann nachreichen müssten. Das gibt »Punktabzug«.
- Nehmen Sie sich Zeit für die Erstellung einer Bewerbungsunterlage, insgesamt sind beim ersten Anlauf einige Stunden nicht zu viel angesetzt.

Gehen wir gemeinsam einmal eine »gedachte« Bewerbungsmappe von oben an aus dem Blickwinkel eines Personalverantwortlichen durch.

Das Deckblatt

Das Deckblatt findet sich in immer mehr Bewerbungsunterlagen, daher liegen Sie mit der Eröffnung Ihrer Unterlage auf diese Weise schon einmal im Trend.

Es ist ein einfaches weißes Blatt, das zuoberst in der Bewerbungsmappe liegt und mittig Ihr Foto enthält. Das Fotoformat kann für diesen Zweck gerne etwas größer sein, etwa 6 x 10 cm. Was das Foto enthält, wie Sie darauf aussehen und welche Farben es hat, dazu kommen wir noch im Kapitel *Das Foto*. Das Foto hat für die Eröffnung Ihrer Mappe also entscheidenden Wert, und zwar deshalb, weil Sie den Leser aus der Klarsichtmappe heraus freundlich ansehen und ihm zulächeln. Und da die meisten Personalverantwortlichen, Inhaber oder wer immer im Unternehmen für die Einstellung von Mitarbeitern zuständig ist, viel Post erhalten und in mittleren und großen Unternehmen auch viele Bewerbungsmappen erhalten, tut es einfach gut, in der Büroroutine in ein lächelndes Gesicht zu schauen. Und glauben Sie mir eines: Die Schönheit, an die wir Frauen immer so schnell denken, die ist in diesem Fall wirklich nicht, was zählt, weil man sie gar nicht so bewusst sucht oder bewertet. Man schaut in die Augen und auf den Mund. Und wenn beides freundlich wirkt, ist das Aussehen unerheblich. Der Ausdruck ist entscheidend.

Oben auf das Deckblatt schreiben Sie einen Text wie zum Beispiel:

Es bewirbt sich bei Ihnen
um die in der »Ruhrzeitung« ausgeschriebene Stelle als
Verkäuferin Damenoberbekleidung

Eine Alternative ist auch, den Firmennamen mit aufzunehmen, das sieht besonders persönlich aus und spricht den Arbeitgeber an, da es sich auf keinen Fall um eine Standardmappe handeln kann, die Sie losschicken:

Bewerbung
als
Sachbearbeiterin Finanzwesen
bei den
Müller Werken GmbH

Dann in die Mitte des Blattes Ihr Foto und darunter Ihren Namen und Ihre Anschrift, ebenfalls zentriert, sodass Sie, locker aufgebaut, eine DIN-A4-Seite unterteilt haben.

Das Deckblatt ist deshalb so angenehm für den Leser, weil er sich Zeit nehmen kann, sein Gehirn umzuschalten und sich auf Sie zu konzentrieren. Sie wissen ja nicht, was er gerade vorher auf dem Schreibtisch hatte. Im Zweifelsfall einen unangenehmen Vorgang oder eine Bewerbung, die auf der Absageseite landete. Und so ist der Empfänger nicht gleich in den Text Ihres Anschreibens gestolpert und kann dieses mit seinen Restemotionen nicht mehr vermischen – es liegt sozusagen ein Trennblatt dazwischen.

Und noch einen weiteren kleinen psychologischen Vorteil birgt das harmlose Deckblatt: Es zwingt den Leser, sich mit Ihrer Unterlage auseinander zu setzen, und zwar insofern, als er mindestens einmal umblättern muss. Damit steigt auch seine Verweilzeit bei Ihnen.

Liest er hingegen sofort, noch ohne die Mappe zu öffnen, durch die Klarsichthülle hindurch Ihr Anschreiben, hat er es noch schneller weggelegt, ohne überhaupt einmal darin zu blättern.

Ein Deckblatt lohnt sich übrigens auch für die gewerbliche Bewerbung, die nur einen kurzen Text enthält und vielleicht auch nur einen Kurzlebenslauf. Es wirkt immer sauber, kompetent und so, als hätte sich der Absender Mühe gegeben. Es kommt gut an – ganz unabhängig von der Unternehmensgröße.

Diese Verhältnismäßigkeit stimmt übrigens immer: Je mehr Mühe und Liebe Sie in Ihre Mappe gesteckt haben, umso würdiger wird sie behandelt. Was Personalleute nämlich gar nicht mögen, sind flüchtige, inhaltsleere Dreizeiler, wo nur noch schnell im Briefkopf die Adresse eingetippt wurde. Eine solche Bewerbung erhält nicht einmal 10 Sekunden Aufmerksamkeit.

Das Anschreiben

Nachdem Sie den Empfänger mit Ihrem freundlichen Lächeln vom Deckblatt »angewärmt« haben, wird er sich jetzt Ihrem Anschreiben widmen. Dieses folgt unabhängig von der Position, um die Sie sich bewerben, ebenfalls einigen Grundregeln, die immer gelten – auch unabhängig von der Unternehmensgröße.

Ein gutes Anschreiben unterscheidet sich in hohem Maße vom bereits gerügten Dreizeiler, den man immer noch findet: »Sehr geehrte Damen und Herren, hiermit bewerbe ich mich um eine Anstellung in Ihrem Hause. Zur weiteren Information finden Sie meinen Lebenslauf und meine Zeugnisse in der Anlage. Mit freundlichem Gruß, Heike Mager.« Dass Bewerber hierauf fast immer prompt eine Absage bekommen, versteht sich von selbst. Und es ist umso ärgerlicher, wenn sie vielleicht zu der Stelle gepasst hätten, die zufällig frei ist. Aber die Mühe, da näher hinzuschauen, machen sich zumindest mittelständische und große Unternehmen nicht mehr, denn sie erhalten eine Vielzahl von attraktivenBewerbungen geeigneter Kandidaten. Ihre Hauptaufgabe für das Anschreiben ist es, den Leser anzusprechen, ihn persönlich zu überzeugen, ohne anwesend zu sein. Und das auf weniger als einer Seite – aber glauben Sie mir, es funktioniert. Diese knappe Seite sollte fünf Absätze beinhalten, und zwar die folgenden:

Die fünf Bausteine eines Bewerbungsschreibens

1. Kontaktaufnahme, dabei den Adressaten mit seinem Namen ansprechen, dann Bezug zur Stellenanzeige oder zum geführten Telefonat herstellen.
2. Begründen, warum Sie für den Job geeignet sind und was daran Sie reizvoll finden.
3. Begründen, warum Sie gerade diese Firma, diese Stellenanzeige so ansprechend finden, dass Sie sich bewerben.
4. Den Leser überzeugen, dass Sie die Richtige sind und warum – ein Mini-Teil über Ihre Stärken und Kenntnisse.
5. Sich mit einem verbindlichen Ende vom Leser verabschieden und sich für die Aufmerksamkeit bedanken.

Schon auf den ersten Blick erkennen Sie, dass ein solcher Aufbau sich sehr deutlich vom oben erwähnten Dreizeiler unterscheidet! Und interessanterweise sieht man solche strukturierten Bewerbungen im Durchschnitt über alle Positionen verteilt in vielleicht nur 40 Prozent der Fälle. Der Rest schickt immer noch zu kurze oder zu lange Anschreiben oder eben Anschreiben ohne Herz.

Gerade bei den Punkten 2 und 4 erkennen Sie, wie persönlich und individuell ein solches Anschreiben eigentlich ist. Sie sind gezwungen, sich wirklich mit sich und der ausgeschriebenen Position oder Ihrer Wunschfirma auseinander zu setzen. Und daher ist es wiederum wichtig, sich selbst über all die in den vorigen Kapiteln beschriebenen Fragen klar zu werden. Je mehr Sie über Ihre Motivation zur Arbeit, Ihre Stärken, Ihre Befürchtungen wissen, umso gezielter können Sie die Anforderungen an eine erfolgreiche Bewerbung umsetzen.

Als allgemeine Regel für die schriftliche Bewerbung kann man insbesondere für Wiedereinsteigerinnen nach längerer Pause noch ergänzen: Verkaufen Sie sich nicht unter Wert, und seien Sie bitte nicht zu ehrlich im Sinne von offen!

Das Arbeitsleben ist eher sach- und zielorientiert. So traurig es ist, aber der Mensch hinter der Fassadc kommt leider sehr kurz. Dies gilt insbesondere für große und mittelständische Unternehmen, wo Profis durch das Massengeschäft ihren Blick so geschärft haben, dass sie nur darauf schauen, ob jemand von den äußeren Voraussetzungen her auf den Job passt, den es zu besetzen gilt, und am Menschen dahinter nicht sehr interessiert sind, zumindest auf den ersten Blick.

Hüten Sie sich insofern vor allem Bildhaften und Schicksalsmäßigen, wie auch davor, menschliche Schwächen zu verraten, vom Alkoholentzug, dem schwerkranken Mann, dessen Arzneikosten Sie zum Arbeiten zwingen, über das behinderte Kind, das Sie 16 Jahre als Pflegefall zu Hause gefesselt hat, erzählen Sie es bitte nicht, und vor allem: Schreiben Sie es nicht.

Es mag Ihnen vielleicht befremdlich vorkommen, Persönliches wegzulassen, wenn doch solche Umstände es waren, die Sie von der Berufstätigkeit fern hielten oder Sie jetzt wieder zum Arbeiten motivieren. Lassen Sie es bei Formulierungen wie »familiäre Gründe«.

Bleiben Sie »cool«, denken Sie an den Profi-Eindruck, den Sie hinterlassen wollen. Man soll Sie zum Vorstellungsgespräch einladen, weil Sie mit Ihrer Kompetenz zum Unternehmenserfolg beitragen können. Mehr möchte man nicht: Leistung gegen Geld.

Zum Trost: Die Realität innerhalb der einzelnen Teams ist natürlich eine andere. Dort prallen Menschen und ihre Schicksale aufeinander, befreunden sich, tauschen sich aus und spenden einander bei wirklich guter Kollegialität auch Trost. Aber draußen an der Bewerbungfront, dort weht ein recht kühler Wind.

Zum näheren Verständnis der Hintergründe, die im Personalexperten beim Lesen der Bewerbung vorgehen, schauen wir uns die einzelnen Absätze eines Bewerbungsschreibens noch einmal intensiver an:

1. Kontaktaufnahme und den Adressaten mit dem Namen ansprechen, dann Bezug zru Stellenanzeige oder zum geführten Telefonat herstellen

Hiermit ist die Einleitung des Anschreibens gemeint. Der Name des Empfängers spielt eine große Rolle. Daher auch das vorherige Telefonat, das sich immer lohnt, und sei es auch nur, um die richtige Schreibweise oder den zuständigen Ansprechpartner herauszufinden.

Sie beginnen das Anschreiben mit dem Dank für das »freundliche Telefonat vom heutigen Tage«, die »telefonischen Informationen«, die Sie gestern von ihm oder ihr erhielten und die Sie »zur Bewerbung motivierten«, kommen ganz schlicht »zurück auf das Telefonat von heute Morgen«, in dem man Ihnen erklärte, dass die Stelle der Sachbearbeiterin noch frei sei.

Sobald Sie sich auf ein geführtes Telefonat beziehen, zwingen Sie den Leser, sich mit Ihnen auseinander zu setzen. Der Trick dabei ist: Selbst wenn man sich nicht an Sie erinnert, muss man unterstellen, dass Sie miteinander gesprochen haben, und im Kopf läuft unwillkürlich ab: »Ich war freundlich und informativ? Hm, was hab ich der denn alles erzählt?«. Im weiteren Textverlauf kommt dann meistens die Erinnerung an den Anrufer zurück, denn so viele sind es übrigens nicht, die diese Vorbereitung nutzen. Höchstens 10 Prozent der Bewerber auf eine Stellenanzeige rufen an, der Rest schickt einfach die Unterlagen und vergibt damit manchmal eine Chance.

Mögliche Eröffnungen des Bewerbungsschreibens:

»Sehr geehrte Frau Lukas, haben Sie vielen Dank für das offene und freundliche Telefonat vom gestrigen Tage, in dem Sie mich ermutigten, Ihnen meine kompletten Bewerbungsunterlagen zuzusenden.«

»Sehr geehrter Herr Peters, das aufschlussreiche und informative Telefongespräch mit Ihnen vom 7.2.2006 hat mich in meiner Motivation bestärkt, mich um die Position der Einkaufssachbearbeiterin bei der Müller GmbH zu bewerben.«

»Sehr geehrte Frau Mayer, vielen Dank für die ausführlichen Informationen, die Sie mir gestern am Telefon zur Stellenanzeige ›Buchhalterin‹ vom vergangenen Wochenende gaben.«

Sie erkennen schon den Unterschied im Ton und im Stil: Die dritte Variante ist die bescheidene Bewerberin, die sich nur einfach ein bisschen mehr informiert hat und sich höflich bedankt. Wenn das wiederum zum Typ passt und in diesem Stil weitergeht, dann ist es trotzdem eine sehr angenehme Bewerbung. Auffällig ist auch der Unterschied, ob Sie an einen Mann oder eine Frau schreiben. Schauen Sie sich einmal die Wortwahl an. Der Mann war informativ, aufschlussreich und hat bestärkt, die Frau war offen und freundlich und hat ermutigt. Umgekehrte Wortwahl würde den Mann befremden, denn welcher »richtige Mann« möchte freundlich und offen sein? Männlich-herb passt hier besser, die Formulierungen sind nicht zufällig so gewählt.

Sie erkennen bereits am Telefonat, mit welchem Typ Mensch Sie es zu tun haben. Versuchen Sie ruhig, Ihre Wortwahl im Anschreiben darauf abzustimmen.

2. Begründen, warum Sie für den Job geeignet sind und was daran Sie reizvoll finden.

Hier dürfen Sie ruhig schwärmen. Jeder, der eine Stelle zu besetzen hat, wünscht sich einen Mitarbeiter zu finden, der den Job gerne ausführt. Und dabei ist es gleich, ob es sich um Postaustragen, am Computer zeichnen, Ablagemachen oder Haareschneiden handelt. Jeder Arbeitgeber weiß, dass die besten Leistungen von Mitarbeitern erbracht werden, die in ihrer Arbeit aufgehen und die sie mit Leidenschaft und guter Laune ausführen. Und einen solchen Mitarbeiter – den Idealfall – sucht man natürlich.

Insofern können Sie gern dick auftragen nach dem Motto: »Schon als Kind habe ich ständig neue Frisuren an all meinen Freunden erprobt, und Haare sind meine große Leidenschaft geworden. Der Umgang mit Kunden und die Kreativität gefallen mir daran besonders.« Das klingt natürlich und glaubhaft. Und wenn Sie genau überlegen, gibt es immer irgendetwas Liebenswertes an der Tätigkeit, für die Sie sich bewerben, sonst würden Sie sich etwas anderes suchen.

Oder für den gewerblichen Bereich: »Die Arbeit in einer metallverarbeitenden Branche macht mir deshalb Spaß, weil man in der Produktion täglich seine Erfolge messen kann und sieht, wie sich die Werkstoffe durch die eigene Arbeit verändern.«

Oder als Teamsekretärin: »Die Arbeit als Sekretärin in Ihrem Hause stelle ich mir spannend vor, da Sie mit interessanten und anspruchsvollen Kunden arbeiten, die zufrieden zu stellen eine große Herausforderung für mich ist.«

Oder als Diplom-Kauffrau für das Controlling: »Wie Sie an meinen Studieninhalten erkennen können, waren Zahlen schon immer meine große Stärke. Diese jetzt in betriebswirtschaftlichen Zusammenhängen als Werkzeug einzusetzen, reizt mich sehr.«

Ihrer Phantasie sind in diesem Absatz keine Grenzen gesetzt, es können ruhig auch emotionale Verbindungen sein, die Ihnen zu der Tätigkeit oder dem Unternehmen einfallen.

3. Begründen, warum Sie gerade diese Firma, diese Stellenanzeige so ansprechend finden, dass Sie sich bewerben.

Hier will die Eitelkeit des Arbeitgebers getroffen werden. Alle Arbeitgeber hören gern, dass gerade sie die auserwählten sind, für die sich eine Bewerbung lohnt. Der Familienunternehmer ist stolz, wenn jemand ihn kennt und sich speziell bei ihm bewirbt und mitarbeiten möchte. Und auch das anonyme Großunternehmen will hören, warum Sie gerade dort anfangen wollen. Und achtet mit einem gewissen Stolz darauf, dass Sie die Produkte richtig zuordnen können und den Arbeitgeber nicht mit der Konkurrenz verwechseln.

Mit diesem Absatz liegen Sie also immer richtig. Und was passt hinein? Zum Beispiel:

»Ihre Ladenkette ist mir schon immer positiv aufgefallen, weil sie modern eingerichtet und trotzdem so übersichtlich gestaltet ist. Die Produkte versprechen eine hohe Qualität.«

Oder für die gewerbliche Bewerbung: »Ihr Unternehmen ist für seine Fortbildungsmöglichkeiten und Sozialleistungen bekannt und gibt einem trotz der unsicheren Arbeitsmarktlage ein gutes Gefühl.« An dieser Stelle darf das Gefühl eine Rolle spielen, zumal es ein positives ist, das für den Arbeitgeber spricht.

Oder die Sachbearbeiterin: »Da ich im Nachbarort wohne,

ist mir Ihre Firma schon von klein auf ein Begriff, denn auf dem Schulweg fuhr ich immer dort vorbei. So konnte ich über Jahre das Wachstum Ihres Unternehmens verfolgen und würde mich sehr freuen, daran mitarbeiten zu dürfen.« Dies ist eine Begründung, die nicht zu naiv klingt, gerade wenn der Rest der Bewerbung eine erwachsene Frau erkennen lässt, die weiß, was sie kann.

Oder die Entwicklungsingenieurin in der Automobilindustrie: »Für einen der weltweit größten Automobilhersteller international tätig zu sein und zum technischen Fortschritt täglich im Entwicklungsbereich beizutragen, sehe ich als große Herausforderung an, zumal Ihre Produkte sich heute schon auf so hohem Niveau befinden.« Hier klingt die Karrierefrau schon durch, die Worte »Herausforderung«, »international« sowie »weltweit« sind Schlüsselwörter und unterscheiden sich deutlich von Bewerbungen für eine qualifizierte Sachbearbeitung.

Was auch immer Sie schreiben, es zeigt, dass Sie sich überlegt haben, warum Sie dort anfangen möchten, und dass Sie sich mit der Firma wenigstens schon einmal gedanklich auseinander gesetzt haben.

Sie werden beim Texten merken: Für diesen Absatz braucht man gewöhnlich am längsten, denn ehrlicherweise muss man sagen, dass einem natürlich nicht alle Unternehmen, die Arbeit anbieten, bekannt sind. Aber das lässt sich nachholen, und mit ein wenig Phantasie fällt Ihnen immer etwas ein.

Wenn Sie an dieser Stelle zu lange festhaken, sprechen Sie mit Ihrem Partner oder Ihrer Freundin darüber, und fragen Sie die einmal, was ihm oder ihr zur Firma Meier einfällt, vielleicht kommt dann das kleine geeignete Stichwort, aus dem Sie etwas basteln können.

4. Den Leser überzeugen, dass Sie die Richtige sind und warum – ein Mini-Teil über Ihre Stärken und Kenntnisse.

Hier ist er, der Absatz, der Frauen am schwersten fällt. Liest man Bewerbungen von Männern, so haben die offenbar überhaupt kein Problem, eine ganze Seite damit zu füllen, warum sie so klasse und geeignet sind.

Sie sollten an dieser Stelle – bezogen auf die Position, um die Sie sich bewerben – betonen, warum Sie und nicht die anderen 20

Bewerberinnen auf die Stelle passen. Natürlich kann man das am besten im persönlichen Gespräch tun, aber so weit sind Sie ja leider noch nicht, erst einmal muss die Schriftform so neugierig auf Sie machen, dass man Sie einlädt. Und schon auf den ersten Blick spricht doch viel für Sie. Denken Sie an Ihre Stärken, über die Sie im Kapitel *Besinnen Sie sich auf Ihre Stärken* nachgedacht haben, und bringen Sie diese hier ein:

- Zu Hause ist alles organisiert.
- Sie wollen aus voller Überzeugung arbeiten und sind hoch motiviert.
- Sie haben realistische Vorstellungen von der Berufswelt.
- Sie können mangelnde Berufserfahrung durch mehr Lebenserfahrung ausgleichen.
- Sie haben die Familienplanung abgeschlossen.
- Sie bringen soziale Kompetenz, Abstand und Gelassenheit mit.
- Sie haben sich in den Jahren der Kindererziehung auch der Fortbildung gewidmet und Praxiskontakt gehalten.
- Sie beherrschen die heute notwendigen Werkzeuge für Ihren Beruf.

Betonen Sie also Ihr »Organisationstalent, das ich die vergangenen Jahre unter Beweis stellte, indem ich das Ehrenamt der Vorsitzenden unserer Ortsgruppe Rotes Kreuz Nord mit einem lebendigen Vierpersonenhaushalt kombinierte. Und da meine Kinder aufgrund ihrer Selbstständigkeit inzwischen für sich selber sorgen, würde ich meine Stärken gern in Ihrem Unternehmen einsetzen.«

Oder: »Meine Kunden haben immer an mir geschätzt, dass ich ihre Wünsche genau herausarbeite und dann in geeigneter Form umsetze.«

Oder: »Meine bisherigen Vorgesetzten, die meine Arbeitsleistung über die Zeitarbeitsfirma Adida kennen lernten, sind alle überzeugt von meiner termingerechten und gleichzeitig sehr gründlichen Arbeitsweise gewesen.«

Sie müssen sich also nicht selbst loben, Sie können auch andere zitieren, die etwas Positives an Ihrer Leistung oder Ihrem Verhalten festgestellt haben.

Beachten Sie bei diesem Absatz bitte, dass er genau zu Ihrem Typ passt, schreiben Sie also keines dieser Zitate ab, wenn es nicht für Sie stimmt. Sie erkennen selbst den Unterschied. Die erste Variante ist fast ein Typ Superweib, die man sich gleich auch optisch entsprechend modisch vorstellt, die dritte Variante ist eher die bescheidene Buchhalterin, die sehr ungern über sich selbst spricht, aber hoch kompetent ist. Stimmen Sie die Formulierungen auf sich selbst ab – das persönliche Erscheinungsbild, das ein Gesprächspartner in der ersten Vorstellungsrunde später von Ihnen gewinnt, sollte hierzu passen.

In diesen Absatz gehört auch die gekonnte Formulierung Ihres Wiedereinstiegs. Die Worte »Pause«, »Elternzeit«, »aufgehört zu arbeiten« und jetzt wieder »neu anfangen« sind für Sie absolut tabu, denn damit locken Sie sich selbst in die Falle und machen den anderen erst auf eventuelle Schwächen aufmerksam. Benutzen Sie lieber Formulierungen, die deutlich machen, dass Sie schon einmal dabei waren, also kein Anfänger sind, also etwas wie »wieder einsteigen«, »mich wieder der außerhäusigen Beschäftigung zuwenden«, »mich wieder voll im lange ausgeübten Beruf einbringen«, »meine nur kurz unterbrochene Karriere/Werdegang/… bei Ihnen fortsetzen« oder etwas anderes, das den Leser von vornherein in Sicherheit darüber wiegt, dass Sie sich auskennen.

5. Sich mit einem verbindlichen Ende vom Leser verabschieden und sich für die Aufmerksamkeit bedanken.

Dieser Absatz des Anschreibens wird wieder einfacher. Sie »bedanken sich für die Aufmerksamkeit«, »verbleiben mit freundlichen Grüßen« oder »freuen sich auf das persönliche Gespräch«.

Der ganz selbstbewusste Satz »gespannt auf Ihre weiteren Ausführungen im persönlichen Vorstellungsgespräch« ist übrigens unmöglich, da er die Rollen verkehrt. Von Bewerbern wird zwar Selbstbewusstsein verlangt, aber keine »Machtübernahme« und kein Seitenwechsel. Nicht Ihnen soll im Bewerbungsgespräch etwas geboten werden, sondern Sie werden sprechen, über sich und Ihr bisheriges Leben, aber dazu später mehr.

Achten Sie auch beim Beendigungstext auf den Unterton. Der Grad des Selbstbewusstseins muss zum Typ passen. Wenn Sie schüchtern sind, dann bleiben Sie es auch im Anschreiben und zwingen sich keinen Stil auf, den Sie nachher nicht verkörpern.

Um dieser Gefahr zu entgehen, empfehle ich auch dringend, die Texte selbst zu schreiben. Schreibt Ihre extrovertierte Freundin, die das Gegenteil von Ihnen ist, für Sie ein gewagtes Anschreiben und Sie selbst wollen sich für die Alleinbuchhaltung eines 50-Mann-Betriebes bewerben, passt wahrscheinlich etwas nicht zusammen, denn Ihre Freundin ist wahrscheinlich eher der Verkäufer-Typ, keinesfalls eine Buchhalterin. Insofern muss der Schreibstil nicht nur zu Ihrem Typ, sondern auch zum angestrebten Arbeitsplatz passen.

Kommentierte Beispiele für die Beendigung des Anschreibens:

- *»Über die Einladung zu einem Vorstellungsgespräch würde ich mich freuen.«* Dies ist die eher zurückhaltende Variante einer Bewerberin, die realistisch einzuschätzen scheint, dass es jede Menge interessanter Konkurrenz gibt und noch lange nicht sicher ist, dass sie eingeladen wird.
- *»Gern würde ich Ihnen weitere Fragen im persönlichen Gespräch beantworten.«* Hier geht die Bewerberin selbstbewusst davon aus, dass es weitere Fragen geben wird, dass ihre Bewerbung auf jeden Fall ernst genommen wird und dass mehr daraus werden wird. Sie scheint sicher zu sein, dass es zum Gespräch kommt.
- *»Gern würde ich im Rahmen eines Vorstellungsgesprächs mehr über die ausgeschriebene Tätigkeit und Ihr Unternehmen erfahren.«* Dies ist eher emotionslos und sachorientiert, dafür aber sehr an Inhalten interessiert. Gleichzeitig klingt es sehr gleichberechtigt und ist daher beinahe schon ein Grenzfall. Diplomatischer wäre, gleichzeitig anzubieten, in diesem Gespräch dann auch mehr über sich zu erzählen, also »... und Ihre Fragen zu meiner Person beantworten«. So klingt es gleich ausgewogener und nicht zu burschikos.
- *»Ich würde mich freuen, bald von Ihnen zu hören, und verbleibe bis dahin mit freundlichem Gruß.«* Hier wird deutlich, dass die Bewerberin sich schon über irgendeine Reaktion freuen würde und sehr bescheiden im Auftritt ist, eher die zurückhaltende, aber nicht unangemessene Version.

- *»Ich würde mich freuen, wenn Ihnen meine Bewerbung gefällt und ich mich bei Ihnen persönlich vorstellen darf.«* Dies klingt frisch und energiegeladen und automatisch jung, würde vom Stil nicht zu einer fünfzigjährigen Dame passen, eher zur jugendlichen kreativen Frau, die sehr viel Optimismus und gesundes Selbstvertrauen ausstrahlt.
- *»Auf ein persönliches Kennenlernen freue ich mich schon heute.«* Dies ist die selbstsicherste Variante, die gerade noch geht. Die Absenderin geht ganz fest davon aus, eingeladen zu werden, eine Alternative sieht sie gar nicht. Vorsicht bei solchen Texten: Hier sollten Sie wirklich etwas zu bieten haben und sich deutlich vom Durchschnitt absetzen.

Der Lebenslauf

Nach dem Anschreiben liest der Empfänger nun Ihren Lebenslauf, wenn Sie ihn so weit für sich interessieren konnten.

Auch Ihr Lebenslauf kann individuell erstellt werden, je nachdem, wofür Sie sich bewerben. Ihr Leben, das ihm zugrunde liegt, ist zwar immer dasselbe, aber durch Hinzufügen, Weglassen oder besonderes Betonen von bestimmten Hobbys, Ehrenämtern oder Jobs können Sie ihm einen anderen Stil geben und sich damit für die jeweilige Stelle besonders interessant machen.

Für die Erstellung des Lebenslaufs gelten eine Reihe allgemeiner Grundlagen, die ich vorwegschalten möchte, bevor wir auf die einzelnen Rubriken und die besondere Situation der Mütter beziehungsweise Wiedereinsteigerinnen näher eingehen. Sollten Sie bereits einen Ratgeber über Bewerbungen gelesen haben, wundern Sie sich bitte nicht über eventuelle Abweichungen. Die meisten Ratgeber werden von Beratern geschrieben, die selbst noch nicht in einer Personalabteilung tätig waren oder Wirtschaftsunternehmen von innen kennen. Als Personalmanagerin möchte ich Ihnen den Blick der anderen Seite vermitteln.

Allgemeine Grundlagen

- Der Lebenslauf wird ebenfalls mit dem Computer geschrieben – nicht handschriftlich und nicht in Aufsatzform. Die Schriftgröße sollte 12 Punkt nicht unterschreiten, und alles sollte auf eine, maximal eineinhalb Seiten passen.

- Der Aufbau ist tabellarisch und chronologisch, das aktuellste Ereignis steht, anders als in der angelsächsischen Variante, ganz unten. Die Chronologie ist insofern wichtig, als der Leser sich Ihr Leben in Windeseile einmal anschaut, und da geht man nie rückwärts in kleinen Schritten, sondern fängt automatisch vorne an. Vor allem wenn es darum geht, Lückenlosigkeit zu überprüfen, hat man es so einfacher und damit schneller. Denken Sie an die 20 Sekunden.
- Die Zeiträume sollten einheitlich beziffert werden, also z.B. 10/66–09/70 oder Oktober 1966 – September 1970. Wählen Sie die erste Form – mit ihr sparen Sie am meisten Platz. Listen Sie links die Zeiträume auf und schreiben Sie rechts den jeweiligen Text dazu, dann wird es schön übersichtlich, und das wiederum ist auch wichtig zum schnellen Erfassen der Details.
- Die inhaltliche Gliederung erfolgt in Rubriken, und zwar beginnend mit persönlichen Daten. Dann folgen Schule, Berufsausbildung, Studium, berufliche Tätigkeiten, sonstige Kenntnisse und Erfahrungen, Auslandsaufenthalte, Hobbys, Datum und Unterschrift. Und chronologisch fügen Sie die Elternzeit beziehungsweise Kindererziehungszeiten dort ein, wo sie zeitlich lagen, wenn es sich so klar umgrenzen lässt. Wenn nicht, erklärt es sich an den nachfolgenden Beispielen besser, denn dann müssen die Kinderzeiten mit denen der Berufstätigkeit durchmischt werden, ohne dass es unübersichtlich wird.
- Lückenlosigkeit ist anzustreben, das heißt, alle Monate von der Schule bis heute müssen erklärt und belegt werden. Haben Sie Zeiten in Auslandsaufenthalten, Reisen, in einem alternativen Wohnprojekt, im Krankenhaus nach schwerer Krankheit, als Hausfrau und Mutter, in Fortbildungs- oder Umschulungsmaßnahmen verbracht oder waren Sie arbeitslos, dann schreiben Sie das jeweils unter Angabe des Zeitraums hinein. Übrigens heißt die Arbeitslosigkeit im Lebenslauf »Erwerbslosigkeit«. Auf manche Lücke, die einen Personalprofi skeptisch stimmen könnte, werden wir später noch eingehen. Ich rate allerdings in jedem Fall davon ab, zu

versuchen, Lücken durch geschickte Gestaltung zu verstecken oder gut zu tarnen. Glauben Sie an dieser Stelle bitte nicht den wohlmeinenden Ratgebern, sondern denken Sie daran, dass Ihr Leser ein Profi ist. Die erkennen die Lücke sofort und fühlen sich noch unnötig provoziert, wenn Sie versuchen, etwas zu verschleiern. Die Offensive ist hier am besten, damit Sie im späteren Interview nicht in die Rechtfertigungsrolle gedrängt werden.
Denken Sie auch beim Lebenslauf an den Leser, und schreiben Sie freundlicherweise als Service die Noten hinter die jeweiligen Abschlüsse (Schule, Berufsausbildung, Studium) in Klammern, so braucht man nicht erst in Ihren Zeugnissen zu blättern, um sich ein schnelles Bild zu machen.

Die Gestaltung der einzelnen Rubriken

Persönliche Daten lautet die erste Rubriken-Überschrift. Wenn Sie im Anschreiben Ihre Adresse vermerkt haben oder die Anschrift und Ihren Namen oben über dem gesamten Blatt wie ein Band laufen lassen, dann sparen Sie hier am meisten Platz, denn Adresse und Telefonnummer haben im Lebenslauf nichts zu suchen.

Sie starten diese Rubrik mit Ihrem Namen, dann folgt »geboren«, rechts schreiben Sie dann das Datum und den Ort, so haben Sie wieder eine Zeile gespart. Ihre Nationalität brauchen Sie nicht hinzuschreiben.

Dann kommt der Familienstand: »verheiratet«, »nicht verheiratet« oder »verwitwet« beziehungsweise »geschieden«. Gleich dahinter setzen Sie dann in dieselbe Zeile, mit einem Komma getrennt, die Anzahl der Kinder und als Ergänzung dahinter oder darunter in Klammern den Vornamen und das Alter.

Zu dieser Angabe sind Sie nicht verpflichtet, daher würde ich Ihnen raten, das Alter der Kinder wegzulassen, wenn es sich um ein pflegeintensives handelt, also alles unter sieben. So kann sich der Leser wiederum keinerlei Phantasien über Ihr Familienleben hingeben, was im Zweifel zu Ihren Ungunsten ausfiele. Im Gespräch wird man Sie später sowieso nach dem Alter der Kinder fragen, dann können Sie immer noch erklären, dass ihre beiden Kinder erst zwei und dreieinhalb sind, Sie aber in einer Großfamilie mit Oma und Tante unter einem Dach wohnen und für alles gesorgt ist. Das könnten Sie in der Kürze eines Lebenslaufs nicht so beruhigend darstellen. Ein Beispiel:

Name	Britta Eldresen
Geboren	13. August 1968 in Heidelberg
Familienstand	verheiratet, zwei Kinder oder verheiratet, zwei Kinder (Tom, 14, und Maria, 4)

Schule, Schulausbildung: Hier schreiben Sie links beginnend mit den Daten Ihre Grundschulzeiten und die darauf aufbauende Schulbildung darunter, also Haupt-, Gesamt-, Realschule oder Gymnasium. Sollten Sie die Schulen gewechselt haben, lassen Sie es hier weg, beschränken Sie es auf die Schularten und deren Daten. Nennen Sie dann in einer weiteren Zeile das Datum des Abschlusses, seine Bezeichnung und die Note in Klammern, etwa so:

07/74 – 06/78	Grundschule, Hannover
07/78 – 05/87	Gymnasium, Hamburg
05/87	Abitur (Note 1,9)

Berufsausbildung: Hier nennen Sie wiederum den Zeitraum, den Ausbildungsbetrieb und die Art Ihrer Berufsausbildung, also beispielsweise:

08/87 – 01/90	Meier KG, Hamburg: Ausbildung zur Industriekauffrau
01/90	Abschluss vor der Handelskammer Hamburg mit der Gesamtnote »gut«

Studium (sofern vorhanden): Zeitraum, prüfungsrelevante Studienfächer sowie die Universität und die Abschlussnote reichen völlig. Weder Ihre Hausarbeiten noch die Themen Ihrer Lieblingsfächer oder die Namen der Professoren interessieren an dieser Stelle, sodass auch dieser Abschnitt kurz ausfallen kann.

04/90 – 10/93	Studium der Betriebswirtschaftslehre, Psychologie und Anglistik an der Universität Hamburg

11/93 – 07/95	Fortsetzung des Studiums in den gleichen Fächern an der Universität Passau
08/95	Abschluss zur Diplom-Kauffrau, Note »gut« (2,3)

Berufliche Tätigkeiten: Hier folgen chronologisch sortiert und untereinander aufgelistet jeweils der Zeitraum und die dazugehörige Firma, darunter dann die Bezeichnung der Tätigkeit – bitte keine Stellenbeschreibungen an dieser Stelle. Was machbar ist, wenn Sie Platz haben, ist eine Auflistung der Dinge, für die Sie verantwortlich waren, zum Beispiel:

09/95 – 03/99	Schmidt KG, Oberheim Tätigkeit als Controllerin, zuständig für die gesamte Niederlassungsstruktur im Bundesgebiet sowie die Töchter in Österreich und Schweiz
04/99 – 12/03	Müller GmbH, Oldesloe Gruppenleiterin Betriebswirtschaft, verantwortlich für ein Team von vier Controllern, zuständig für Projektarbeiten und das Produktionscontrolling

In diesem Abschnitt verbirgt sich zum Beispiel die Geburt des zweiten Kindes im Sommer 2001. Das erste kam im Juni 1991 zur Welt, während des Studiums. Da Frau Eldersen jedoch weiter in Teilzeit ihre alte Stelle ausgeübt hat, ist die Darstellung eines unbefristeten und nicht unterbrochenen Arbeitsverhältnisses richtig. Eine Pause müssen Sie nur angeben, wenn Sie für einen bestimmten Zeitraum keinen Arbeitgeber hatten, mit dem das Beschäftigungsverhältnis weiterbestand, zum Beispiel:

07/03 – heute	Hausfrau und Mutter Zweijährige Unterbrechung meiner Berufstätigkeit zur Betreuung meiner zwei Kinder; Kontakt zur Praxis durch zahlreiche Teilzeitbeschäftigungen und Aushilfstätigkeiten

»Heute« ist in diesem Beispiel Sommer 2005 und Frau Eldersen möchte zurück in die Praxis.

Im Gespräch wird man sie fragen, warum sie denn noch ausgestiegen ist, obwohl ihr Kind schon zwei und das erste bereits 12 Jahre alt war. Begründung könnte sein, dass sie die Kinder noch einmal selbst betreuen wollte, nachdem zunächst während des Studiums die Schwiegermutter und jetzt eine Tagesmutter die Erziehung wahrgenommen hatten. Da diese Tagesmutter dann kündigte und wegzog, wollte sie keine neue suchen, sondern einmal in ihrem Lebenslauf selbst Vollzeitmutter sein. Dies hätte auch gut gepasst, da ihr ältestes Kind gleichzeitig auf das Gymnasium gekommen wäre. Diese Zeit mit den Kindern sei schön gewesen, nun würde es ihr aber reichen, es würde sie einfach nicht ausfüllen.

Auslandserfahrungen: Hierunter versteht man keine Ferienaufenthalte, sondern berufliche Stationen. Es kann sich um ein Studium oder eine Fortbildung handeln, ebenso aber auch um Zeiten, in denen Sie mit Ihrem Mann im Ausland waren. Während er gearbeitet hat, haben Sie die Kinder betreut, auch dies würde hierunter fallen. Genauso natürlich auch eigene Berufszeiten im Ausland.

Sonstige Kenntnisse und Erfahrungen: Hierunter passen eine Reihe von Dingen, die Sie vorzuweisen haben, aufgelistet, indem Sie links die Unterrubrik aufschreiben und rechts das, was Sie hier inhaltlich bieten können, beispielsweise:

Sprachen:	Englisch sehr gut in Wort und Schrift, spanische Grundkenntnisse
EDV:	MS-Office-Paket, HTML, Anwenderkenntnisse in SAP-R3

Hier können Sie auch Ihren Führerschein einbringen, wenn Sie sich für eine Außendiensttätigkeit bewerben oder ein Pkw für die Ausübung der Tätigkeit vorgesehen ist.

Hobbys sind einer der Bausteine, die etwas Gestaltungsspielraum für die Bewerberin darstellen. Sind Sie Technische Zeichnerin oder Bauingenieurin, dann sollten Sie neben der Elternzeit nicht die

Hobbys »Stricken, Kochen und Familie« angeben, weil Sie das zu weiblich erscheinen lassen würde. Sie wollen sich jedoch in einer männlichen Branche bewerben, und die Kollegen suchen eher einen »Kumpel« als eine zarte Mutterfigur. Hier passen also besser Sportarten wie Fußball, Motorradfahren, Trekkingreisen und alles, was Sie ein wenig rauer erscheinen lässt.

Genau diese Hobbys würden Sie natürlich weglassen, wenn Sie sich als Kosmetikerin im großen vornehmen Kaufhaus bewerben würden, denn dort würde man mit diesen Freizeitaktivitäten wahrscheinlich naserümpfend schwarze Fingernägel und einen Seemannsgang assoziieren.

Sie sehen also: Erzählen Sie die Wahrheit nur dort, wo sie hinpasst, und denken Sie in diesen Fragen in Klischees und Vorurteilen, denn das wird der Leser Ihrer Bewerbung im ersten Schritt auch tun.

Hobbys nutzen Sie also in Ihrer Bewerbung, um entweder vorhandene Talente zu unterstreichen, die zum Anforderungsprofil der Stelle passen, oder aber um ein Gegengewicht im Imagebereich für sich aufzubauen.

Das Gleiche gilt für **Ehrenämter**. Sie lassen sich nach allgemeinen Klischeevorstellungen in etwa vier grobe Kategorien unterteilen:

- die sozialen Taten wie Kirche, Blutspendedienst, Altenpflege, Kindergarten;
- die abenteuerlastigen: Dritte-Welt-Projekte, Zelte und Medikamente nach Sarajevo oder in Erdbebengebiete ausliefern;
- die politischen: in Vereinigungen, Parteien, bei Greenpeace und Naturschutzverbänden, und als letzte Kategorie
- die alltagsorientierten, wie Elternsprecherin, Vorsitzende des Sportvereins, der Jugend-Konzertgruppen.

Auch hier sollten Sie vorsichtig sein, wie viel Sie preisgeben. Die angestrebte Tätigkeit sollte mit dem ausgeübten Ehrenamt zusammenpassen und es darf auf den ersten Blick keine Konflikte geben. So passen zum Beispiel die ehrenamtliche Beratung bei Pro Familia und die Bewerbung als Nachtschwester in einem katholischen Krankenhaus nicht zusammen. Das Gleiche gilt etwa für die

Mischung Greenpeace-Aktivistin und Bewerbung als Marketing-Mitarbeiterin bei der Shell AG. Bevor Sie sich in ein Fettnäpfchen begeben, umschreiben Sie Ihre Ehrenämter lieber auf einer abstrakteren Ebene oder lassen Sie sie ganz weg.

Datum und Unterschrift: Schreiben Sie ganz unten links auf das Blatt den Ort der Erstellung des Lebenslaufs, das aktuelle Datum und unterschreiben den Lebenslauf sozusagen als Zeichen seiner »Echtheit«.

In der Gesamtübersicht sähe der Lebenslauf von Frau Eldersen also wie folgt aus:

Lebenslauf

Persönliche Daten:

Name	Britta Eldersen
Geboren	13. August 1968 in Heidelberg
Familienstand	verheiratet, zwei Kinder

Schule und Ausbildung:

07/74 – 06/78	Grundschule, Hannover
07/78 – 05/87	Gymnasium, Hamburg
05/87	Abitur (Note 1,9)
08/87 – 01/90	Meier KG, Hamburg: Ausbildung zur Industriekauffrau
01/90	Abschluss vor der Handelskammer Hamburg mit der Gesamtnote »gut«

Hochschulstudium:

04/90 – 10/93	Studium der Betriebswirtschaftslehre, Psychologie und Anglistik an der Universität Hamburg
11/93 – 07/95	Fortsetzung des Studiums in den gleichen Fächern an der Universität Passau
08/95	Abschluss zur Diplom-Kauffrau, Note »gut« (2,3)

Berufliche Praxis:	
09/95 – 03/99	Schmidt KG, Oberheim Tätigkeit als Controllerin, zuständig für die gesamte Niederlassungsstruktur im Bundesgebiet sowie die Töchter in Österreich und Schweiz
04/99 – 12/03	Müller GmbH, Oldesloe Gruppenleiterin Betriebswirtschaft, verantwortlich für ein Team von vier Controllern, zuständig für Projektarbeiten und das Produktionscontrolling
01/04 – heute	Hausfrau und Mutter Zweijährige Unterbrechung meiner Berufstätigkeit zur Betreuung meiner zwei Kinder; Kontakt zur Praxis durch zahlreiche Teilzeitbeschäftigungen und Aushilfstätigkeiten*
Sonstige Kenntnisse:	
Sprachen:	Englisch sehr gut in Wort und Schrift, spanische Grundkenntnisse
EDV:	MS-Office-Paket, HTML, Anwenderkenntnisse in SAP-R3

Hamburg, den 30. Januar 2006
Unterschrift

Wiedereinstieg nach mehreren Auszeiten

Nachdem wir die einzelnen Rubriken des Lebenslaufes erläutert haben, schauen wir uns nun einen weiteren Lebenslauf einer Rückkehrerin an und richten unser Augenmerk auf dessen Besonderheiten.

Der Hintergrund dieser Bewerbung ist die Tatsache, dass die Bewerberin sich wieder für ihre alte Tätigkeit bewirbt, wobei sie

* Hier würden die zahlreichen Aushilfstätigkeiten in chronologischer Ordnung aufgelistet werden, jeweils Zeitraum und Firma sowie Tätigkeit.

ein paar Jahre aus dem Unternehmen raus und ihr bewusst ist, dass man dort gerade Stellen abbaut.

Persönliche Daten:

Name:	Bärbel Peters, geborene Müller
Geboren:	2. Juli 1966 in Bremen
Familienstand:	verheiratet, 2 Kinder (6 u. 10 Jahre, Rundumbetreuung ist selbstverständlich sichergestellt)

Frau Peters geht ganz offen mit ihrem Familienstand und der Tatsache, dass sie zwei Kinder hat, um und schreibt gleich zu Beginn des Lebenslaufs, dass die Rundumbetreuung »selbstverständlich« sichergestellt sei. Das nimmt einem Leser der Bewerbung sofort die Sorge um die Frage, wer sich denn um die noch jungen, schulpflichtigen Kinder kümmert. Gleichzeitig wird die Frage nicht beantwortet, was ein guter Schachzug ist. So wird es nämlich gleich schon mal einen Aufhänger im Vorstellungsgespräch geben, denn man wird schon aus reiner Neugierde – und weil eine solche Formulierung so selten ist – nachfragen, wer sich denn jetzt um die Erziehung kümmert. Im Falle von Frau Peters ist es der Mann, der nach langer Karriere jetzt eine freiberufliche Tätigkeit aufbauen möchte und deshalb zu Hause bleiben wird. Nach fast 10 Jahren, in denen Frau Peters für die Betreuung der Familie zuständig war, wird sie nun durch ihren Mann abgelöst. Dies erst im Gespräch zu schildern ist klug, denn es gibt sehr viele Vorurteile bei Lesern oder Leserinnen von Bewerbungen. Schriebe Frau Peters z.B., dass ihr Mann zu Hause sei, würde man vielleicht vermuten können, er sei arbeitslos, und sobald er eine neue Tätigkeit hätte, käme das Betreuungsproblem wieder auf Frau Peters zu. Schriebe sie, er würde zu Hause arbeiten, dann stellte sich die Frage nach dem Beruf und dem Wahrheitsgehalt der Aussage und ob er nicht in Wirklichkeit doch auf Jobsuche sei. Und würde er zu Hause arbeiten, z.B. als Landwirt, und die Kinder würden mit all den Leuten auf dem Hof »nebenher mitlaufen«, dann würde ich es auch nicht im ersten Schritt schreiben, denn bei Landwirthaushalten kann man sich vielleicht nur schwer vorstellen, dass eine Bankerin in Kostüm und Pumps den Hof verlässt. Überfordern Sie den Leser Ihrer Bewerbung nicht, lassen Sie es in allen Fällen, die polarisieren könnten, eher offen!

Schulbildung:

06/1985	Abitur in Bremen
08/1985 – 06/1987	Ausbildung zur Bankkauffrau bei der Sparkasse Bremen, Abschluss mit der Note »sehr gut«
10/1988 – 09/1990	Berufsbegleitende Ausbildung zur Bankfachwirtin an der Bankakademie Bremen, Benotung »gut«

Praktische Berufserfahrung:

07/1987 – 01/1988	Zahlungsverkehr Ausland: Bearbeitung eingehender DM-Zahlungen und ausgehender Fremdwährungen
02/1988 – 08/1994	Tätigkeiten im Privatkundenbereich: Vom Schalterdienst in der Beratung bis hin zur Tätigkeit an der Kasse habe ich alle Tätigkeiten innerhalb dieses Bereichs kennen gelernt. Dabei habe ich u.a. an unserem Projekt »Die Bank im Außendienst« mitgewirkt und einige Jahre selbstständig A-Kunden im Außendienst in allen Bankgeschäften und der Vermögensberatung betreut.

Gut ist hier, dass Frau Peters ihre Tätigkeiten jeweils mit ein paar konkreten Inhalten beschreibt. Dies hilft, sich ein klares Bild ihres Arbeitsalltags zu machen, sie sich »in action« vorzustellen und zu beurteilen, ob es eher ein Job im »stillen Kämmerchen« war oder mit echtem Kundenkontakt. Besonders wichtig wäre die Beschreibung der konkreten Tätigkeit, wenn sie sich nicht wieder in einer Bank, sondern in einem ganz anderen Umfeld bewerben würde, so dass der Leser kein Insider sein muss, um die Qualifikation einzuordnen.

08/1994 – 05/1997	Mutterschutz und anschließende Elternzeit nach der Geburt unserer Tochter Sara
06/1997 – 02/1999	Fortsetzung meiner Tätigkeit im Privatkundenbereich der Zentrale der Sparkasse Bremen (heute nach der Fusion mit der Hypobank Bremen die Hypospar Bremen)

Hier wird offen gelassen, ob Frau Peters in Teilzeit oder Vollzeit beschäftigt war. Das ist im ersten Schritt der schriftlichen Bewerbung auch erst einmal positiv, denn so scheint es, als wäre es eine Vollzeitbeschäftigung gewesen, was darauf schließen lässt, dass Frau Peters auch damals offensichtlich die Betreuung geregelt hatte. Wenn es Teilzeit mit »nur 19 Stunden« gewesen wäre, sind Sie dennoch nicht verpflichtet, dies hineinzuschreiben. Sie dürfen eine Information weglassen, nur nicht die Unwahrheit sagen oder schreiben.

03/1999 – 04/2002	Mutterschutz und anschließende Elternzeit nach der Geburt unseres Sohnes Eike

Weitere berufliche Erfahrungen:

Seit 02/2002	Freiberufliche Tätigkeit in einer Versicherungsagentur, die sich auf Vermögens- und Altersversorgung spezialisiert hat (Fa. VersArt in Bremen): von der Kundenbetreuung am Telefon bis hin zur Recherche der aktuellen gesetzlichen Bestimmungen und Wettbewerbsanalyse bis hin zur textlichen und grafischen Erstellung von Informationsmaterialien der Agentur (teilweise in Zusammenarbeit mit einem freiberuflichen Grafiker).

Auch hier ist die Information über die genaue Tätigkeit hilfreich, denn eine Arbeit bei einem Versicherungsagenten kann alles Mögliche bedeuten. Hier wird deutlich, dass Frau Peters einige neue Dinge dazugelernt hat. D.h., sie ist flexibel einsetzbar, kann ihren Horizont erweitern etc. Diese Information ist in diesem Beispiel wichtig, weil Frau Peters davon abgesehen »nur« einen Arbeitgeber kennen gelernt hat. Für den Bewerbungsadressaten in einem neuen Unternehmen wäre dies ein Grund, sich zu fragen, ob sie auch etwas anderes kann, ob sie sich im Alter von jetzt Ende 30 noch auf ganz andere Abläufe, Kollegen, ein neues Umfeld umstellen kann. Ein wichtiger Punkt, den man im Gespräch sicher hinterfragen wird.

Ehrenamtliche Tätigkeiten:

09/1998 – 07/2001	Sprecherfunktion im sozialen Bereich
seit 10/2001	Kassenwart im Trägerverein eines Bildungsinstitutes (u.a. Beschaffung von Sponsor-Geldern für Sonderaktionen)

Die Beschreibung der ehrenamtlichen Tätigkeiten ist hier sehr geschickt und geradezu »unmütterlich« geregelt. Erinnern Sie sich daran, dass wir vorhin feststellten, es ginge auch darum, nicht in die Mutterschublade gesteckt zu werden und im Vorstellungskontext alles zu vermeiden, was Sie als zu kindbezogen darstellt. Hier ist das gut gelöst. In Wirklichkeit war Frau Peters im Kindergarten und in der Schule ihrer Kinder ehrenamtlich tätig, was in Deutschland zunimmt, da immer mehr Eltern die Dienste übernehmen, für die man früher noch Geld hatte – von Hausaufgabenbetreuung bis hin zur Milchausgabe in den Pausen. Hier im Beispiel tauchen jedoch weder die Worte Kindergarten noch Schule auf. Und so wirken die genannten Tätigkeiten mit dieser abstrakten Beschreibung gleich hochwertiger und jobmäßiger. Überlegen Sie also für sich, wie sich Ihre ehrenamtlichen Mutter-Aktivitäten erfolgversprechend darstellen lassen.

Entscheidend sind auch hier wieder die Bilder, die beim Leser entstehen. Und er sieht Sie bei der Beschreibung »Sprecherfunktion sozialer Bereich« nicht von schokoladenverschmierten Mündern und lauten Clownnasen im Karneval umgeben, sondern kann sich die Tätigkeit in seinem bekannten Umfeld vorstellen.

Sonstige Kenntnisse:

Englisch:	sicher in Wort und Schrift
EDV-Kenntnisse:	MS-Office-Paket sowie Internet-Recherche und Erstellen von Textdokumenten im Apple Macintosh System, Bildbearbeitungsprogramme wie Graphart und Photoshop
Hobbys:	Fahrradfahren, Schach und natürlich meine Familie

Bremen, den 17. Januar 2006
Persönliche Unterschrift

In diesem Beispiel sorgen die Hobbys noch einmal für eine kleine abschließende Überraschung, denn Frauen, die Schach als Hobby haben, gibt es – zumindest in Lebensläufen – extrem selten. Dazu Fahrradfahren, was sehr sportlich ist. Dann darf gern als Ergänzung mit großer Selbstverständlichkeit die Familie kommen, ohne dass Frau Peters Gefahr liefe, so zu wirken, als sei Familie alles und als müsste sie in ihrer Freizeit ihr »Ich-arbeite-Vollzeit-Gewissen« beruhigen.

Schauen Sie also auch bei sich, wie die Mischung Ihrer Hobbys wirkt, gibt es sachlich-logisch-männliche Anteile, dann betonen Sie diese vielleicht. Haben Sie ausschließlich eher häuslich-weiblich-soziale Hobbys, dann lassen Sie ruhig etwas weg und reduzieren diese. Z.B. wäre die Kombination »Kochen, Handarbeiten, Kinderkleider entwerfen« sehr einseitig und würde im gegebenen Beispiel einen eher unangenehmen Bruch in der Person aufzeigen, denn diese Hobbys passen nach allgemeiner Vorstellung eher weniger auf den ersten Blick zu einer Bankerin. Sie würden allerdings eine Chemikerin, die im Labor Einzelkämpferin ist und ausschließlich mit Formeln und Flüssigkeiten hantiert, deutlich menschlicher machen und dort eher hinpassen. Der Gesamteindruck ist entscheidend.

Der Lebenslauf von Frau Peters sieht in der Gesamtansicht also so aus:

Lebenslauf

Persönliche Daten

Name:	Bärbel Peters, geborene Müller
Geboren:	2. Juli 1966 in Bremen
Familienstand:	verheiratet, 2 Kinder (6 u. 10 Jahre, Rundumbetreuung ist selbstverständlich sichergestellt)

Schulbildung

06/1985	Abitur in Bremen
08/1985 – 06/1987	Ausbildung zur Bankkauffrau bei der Sparkasse Bremen, Abschluss mit der Note »sehr gut«

10/1988 – 09/1990	Berufsbegleitende Ausbildung zur Bankfachwirtin an der Bankakademie Bremen, Benotung »gut«

Praktische Berufserfahrung in der Sparkasse Bremen

07/1987 – 01/1988	Zahlungsverkehr Ausland: Bearbeitung eingehender DM-Zahlungen und ausgehender Fremdwährungen
02/1988 – 08/1994	Tätigkeiten im Privatkundenbereich: Vom Schalterdienst in der Beratung bis hin zur Tätigkeit an der Kasse habe ich alle Tätigkeiten innerhalb dieses Bereichs kennen gelernt. Dabei habe ich u.a. an unserem Projekt »Die Bank im Außendienst« mitgewirkt und einige Jahre selbstständig A-Kunden im Außendienst in allen Bankgeschäften und der Vermögensberatung betreut.
08/1994 – 05/1997	Mutterschutz und anschließende Elternzeit nach der Geburt unserer Tochter Sara
06/1997 – 02/1999	Fortsetzung meiner Tätigkeit im Privatkundenbereich der Zentrale der Sparkasse Bremen (heute nach der Fusion mit der Hypobank Bremen die Hypospar Bremen)
03/1999 – 04/2002	Mutterschutz und anschließende Elternzeit nach der Geburt unseres Sohnes Eike

Weitere berufliche Erfahrungen

Seit 02/2002	Freiberufliche Tätigkeit in einer Versicherungsagentur, die sich auf Vermögens- und Altersversorgung spezialisiert hat (Fa. VersArt in Bremen): von der Kundenbetreuung am Telefon bis hin zur Recherche der aktuellen gesetzlichen Bestimmungen und Wettbewerbsanalyse bis hin zur textlichen und grafischen Erstellung von Informationsmaterialien der Agentur (teilweise in Zusammenarbeit mit einem freiberuflichen Grafiker).

Ehrenamtliche Tätigkeiten	
09/1998 – 07/2001	Sprecherfunktion im sozialen Bereich
seit 10/2001	Kassenwart im Trägerverein eines Bildungsinstitutes (u.a. Beschaffung von Sponsor-Geldern für Sonderaktionen)
Sonstige Kenntnisse	
Englisch:	sicher in Wort und Schrift
EDV-Kenntnisse:	MS-Office-Paket sowie Internet-Recherche und Erstellen von Textdokumenten im Apple Macintosh System, Bildbearbeitungsprogramme wie Graphart und Photoshop
Hobbys:	Fahrradfahren, Schach und natürlich meine Familie

Bremen, den 17. Januar 2006
Persönliche Unterschrift

Erklärungsbedürftige Lebensläufe

Man könnte zahlreiche Beispiel-Lebensläufe aneinanderreihen. Mir ist es hingegen wichtiger, Ihnen zu erklären, wie der Empfänger, die Empfängerin Ihre Bewerbung einstuft und was er oder sie sich dabei denkt. Insofern möchte ich Ihnen im Folgenden noch ein paar typische »schwierige« beziehungsweise erklärungsbedürftige Varianten vorstellen und erläutern, worauf es ankommt, wenn Sie sich in der jeweiligen Situation befinden.

Sie sind sehr lange aus jedem beruflichen Kontakt raus.

In diesem Fall gilt das, was später im Kapitel *Die Barrieren des Erfolgs* gesagt wird: Eine Pause von mehr als 3-5 Jahren ohne jeden beruflichen Kontakt entweder zum alten Job oder in Teilzeit oder in ehrenamtlichen Zusammenhängen, also das Leben als Hausfrau und Mutter allein, machen es heute unglaublich schwer, wieder einzusteigen. Es ist einfach so, dass der Wettbewerbsdruck erheblich zunahm in den vergangenen Jahren. Junge Menschen, die direkt nach ihrer Berufsausbildung nicht übernommen wurden und sich auf dem Arbeitsmarkt drängen. Hochschulabsolventen, die froh sind, erst einmal einen Praktikumsplatz zu bekommen, und Arbeitssuchende mit breit gefächertem Background. Nach so langer Auszeit ist es hilfreich, persönliche Kontakte zu haben, die Ihnen die Möglichkeit zum Bewerbungsgespräch verschaffen, oder irgendwo bei Bekannten zu beginnen, berufliche Erfahrungen erst einmal wieder aufzubauen. Es bietet sich auch an, im ehrenamtlichen Bereich einzusteigen, dort erst einmal ein gutes Jahr Erfahrungen zu sammeln, um sich dann zu bewerben. Eine ebenso empfehlenswerter Wiedereinstieg könnte der Schritt über eine der vielen Zeitarbeitsfirmen sein.

Eine andere Alternative wäre, über das Arbeitsamt zunächst einmal eine Weiterbildungsmaßnahme zu absolvieren, um in den Arbeitsmarkt hineinzukommen. So können Sie Ihre Kenntnisse auf den neuesten Stand bringen – und seit Ihrem Ausstieg hat sich einiges verändert –, können Bewerbungsgespräche trainieren und erst einmal wieder lernen, außerhalb des eigenen, persönlichen Wirkungsfeldes wieder tagein und tagaus zu funktionieren, eine Vollzeitstelle durchzuhalten, sich neu zu organisieren etc.

Sie haben vor Ihrer Elternzeit sehr häufig die Stelle gewechselt und es in acht Jahren auf sechs Jobs gebracht.

Wenn diese Phase noch sehr frisch ist und Sie z.B. erst zwei Jahre in Elternzeit waren, dann ist es an Ihnen, den neuen potenziellen Arbeitgeber erst einmal dahingehend zu beruhigen, dass er Sie nicht für eine »Chaotin« hält und befürchten muss, dass Sie auch bei ihm nur ein Jahr verweilen, denn das lohnt den Aufwand meistens nicht, wenn man jemanden erst einmal einarbeiten und dann wieder neu suchen muss. Sie müssten also entweder die Begründung »Pechvogel« belegen können, also immer unschuldigerweise von betriebsbedingten Kündigungen betroffen gewesen sein, was sehr unwahrscheinlich ist. Oder Sie müssten klar machen, dass Sie damals – vor der Geburt Ihres Kindes – noch ein »ruheloser Schmetterlingstyp« waren, sich aber nun zur verantwortungsvollen Mutter mit klaren Zielen gewandelt hätten. Also deutlich machen, dass Sie wodurch auch immer »geläutert« sind.

Ist die Phase der ständigen Jobwechsel lange her, haben Sie nach acht Jahren im Job nun sechs Jahre Pause gemacht und dabei z.B. bei immer demselben Bäcker im Ort am Wochenende Brötchen verkauft, sieht alles anders aus. Sie sind nicht mehr so jugendlich-wechselwillig, sondern gereift, und Sie hätten durch die Zeit beim Bäcker gezeigt, dass Sie durchaus durchhalten und sich in immer demselben Team bewegen können, ohne irgendwann von sich aus wegzulaufen. Es geht also in dieser Konstellation um den Beleg eines stabilen und kontinuierlichen Gegengewichts zu den vielfältigen Vorerfahrungen. Flexibilität und schnelles Erlernen neuer Umstände liegen als Ihre großen Pluspunkte für Sie in der Waagschale.

Sie sind sehr schnell nach dem Berufsstart in die Elternzeit gegangen. In dieser Konstellation könnte es z.B. sein, dass Sie ein Studium absolviert haben, und danach ein Jahr ein Traineeprogramm absolvierten, bevor Sie dann in Mutterschutz und für fünf Jahre in Elternzeit gingen, in der Sie zwei Kinder bekommen haben. In dieser Kombination sind Ihre Wettbewerber einerseits die Berufsanfänger, die direkt nach der Uni in die Unternehmen kommen, oder auch die jungen Absolventen, die ca. zwei bis drei Jahre im Job waren und sich nun anderweitig umsehen und ein neues Unternehmen kennen lernen wollen. Eine schwierige Ausgangslage für Sie, denn Sie müssen nun vor allem zu einem Punkt gut argumentieren: Dass Ihre Jobkenntnisse fünf Jahre alt sind und die Studienkenntnisse ebenfalls so gut wie verjährt.

Was helfen könnte, sind einerseits: die Arbeit an einer Promotion während der Elternzeit. Dies hätte den Charme, dass man Sie sofort für Ihre Leistungsfähigkeit bewunderte und Ihre Kontiniutät positiv bewertete, denn zeitlich parallel zu zwei kleinen Kindern an einer Promotion zu arbeiten, ist eine Leistung. Und Sie verlieren den roten Faden nicht.

Andererseits wären eine parallel zur Elternzeit verlaufende ehrenamtliche Tätigkeit oder kleine Teilzeitbeschäftigung oder sporadische Einsätze als freie Mitarbeiterin ebenfalls hilfreich, um zu belegen, dass Sie noch auf dem Laufenden sind, was berufliche Anforderungen anbelangt.

Ein Plus wäre bei Ihnen in jedem Fall die Tatsache, dass Sie mit zwei Kindern und Ihrem Alter von wahrscheinlich Anfang 30 einen Vorteil gegenüber den anderen weiblichen Mitbewerberinnen hätten: Sie haben schon Kinder und wollen vielleicht keine weiteren. Insofern könnten Sie jetzt gut begründen, dass Sie nun nach Abschluss der intensiven Kinderbetreuung eine Lösung gefunden haben, wer sich jetzt um die Kinder kümmert, und Sie wieder dort einsteigen wollen, wo Sie aufgehört haben. Und zwar in einen Job, den man Absolventen oder Quereinsteigern anbieten würde und zu den Konditionen, als hätte es diese fünf Jahre Zeitverlauf nicht gegeben.

Sie waren vor Ihrer längeren Elternzeit als Führungskraft tätig und wollen jetzt wieder einsteigen.
Die Kombination Kind und Führungsverantwortung ist nicht häufig vertreten, und wenn weibliche Führungskräfte Mütter werden, geben sie meistens ihre Tätigkeit nicht ab, sondern bleiben in irgendeiner Überbrückungs- und Teilzeitlösung dem Unternehmen verbunden. Das ist insofern klug, als es ungleich schwerer wird, als Mutter auf eine Führungsposition von außen einzusteigen. Unterstellen wir einmal, Sie hätten vier Jahre als Gruppenleiterin gearbeitet und nun zwei Jahre Pause gemacht. Ihr damaliger Job wird wahrscheinlich besetzt sein mit einer Vertretung – wenn dies nur befristet geschah, haben Sie gute Möglichkeiten. Wenn nicht, wird man Ihnen in Ihrem Unternehmen eine andere Möglichkeit verschaffen, es müsste theoretisch auch eine Führungsposition sein, aber es ist nicht sicher. Wenn Sie die Chance auf einen nahtlosen Übergang in eine Führungsposition so direkt nicht haben, nehmen Sie ruhig auch eine interessante oder prestigeträchtige Stelle als Projektleiterin an, auch das kann Ihre Kompetenzen ausbauen und Ihnen die Chance geben, wieder zu zeigen, was in Ihnen steckt.

Bewerben Sie sich in dieser Konstellation in einem anderen Unternehmen, wird es sehr darauf ankommen, zu belegen, wie Sie die Elternzeit beruflich gestaltet haben: freiberuflich oder in Projekteinsätzen oder wie sonst. Sollten Sie sich zwei Jahre ausschließlich auf Kind und Haushalt beschränkt haben, wird es sehr schwer werden, in eine »fremde« Führungsposition zu gehen, denn Ihre Wettbewerber werden zum großen Teil männlich sein und wahrscheinlich keine Unterbrechung der Karriere haben. Dann wiederum käme es darauf an, dass gerade Ihre Bewerbung unwiderstehlich ist, dass Sie überzeugend argumentieren, dass Sie spezielle

Kenntnisse über Kunden, Markt oder Produkt haben und sich als Spezialistin ausweisen könnten. Das würde unbedingt für Sie sprechen. Realistisch ist es in dieser Konstellation eher, dass Sie auch in Erwägung ziehen, eine Stufe unter Ihrer bisherigen wieder zu beginnen und sich dann wieder »hochzuarbeiten«. Die beste Chance haben Sie also in Ihrem ehemaligen Unternehmen, wo man Sie aus der Zeit vor dem Baby kannte und Sie wahrscheinlich in guter Erinnerung hat.

Das persönliche Statement

Es gibt eine Rubrik in Bewerbungsmappen, die man zunehmend, aber immer noch nicht sehr häufig sieht, das so genannte persönliche Statement, auch häufig zu sehen unter den Unterschriften:

- Was Sie sonst noch über mich wissen sollten
- Über meine Person
- Was gibt es noch über mich zu erzählen?
- Was mir wichtig ist

Dieses Blatt sollte nur zu einem Drittel beschrieben sein und wirklich ein paar persönliche Worte enthalten, wie Sie es ankündigen. Für Wiedereinsteigerinnen eine ideale Rubrik, in der Sie Lücken im Lebenslauf erklären oder beschreiben können, dass bei Ihnen zu Hause alles organisiert ist. Es kann genauso gut eine Erklärung darüber sein, was Sie zur Arbeit motiviert, warum Sie die Erziehungszeiten genommen haben und jetzt zurück wollen, aber auch Dinge, die für Sie sprechen, Taten, mit denen Sie überzeugt haben, Rollen, die Sie in Ihren Hobbys wahrgenommen haben, und andere Dinge, die Ihnen am Herzen liegen.

Aber Vorsicht: Um souverän zu wirken, muss es kurz und präzise bleiben! Und trotz aller Persönlichkeit: Schicksale und soziale Hintergründe gehören auch hier nicht hinein. Lassen Sie sich nicht dazu verführen, zu viel von sich zu erzählen.

Aufbau und Gestaltung der Bewerbungsmappe

Die Reihenfolge der einzelnen Bestandteile Ihrer Bewerbung ist nun deutlich geworden und sortiert sich von oben nach unten wie folgt: Deckblatt mit Foto, Anschreiben, Lebenslauf und das persönliche Statement, wenn Sie mögen. Darunter geht es mit Ihren Zeugnissen weiter.

In die Mappe hinein kommen das Schulabschlusszeugnis, ganz zuunterst, darüber dann die Berufsausbildungs- oder Studienabschlusszeugnisse und dann die Arbeitgeber-Zeugnisse. Das neueste Zeugnis liegt oben. Das Schulzeugnis können Sie getrost ab dem zweiten Job weglassen, je nach Situation und Alter.

Auf den Inhalt der Arbeitgeberzeugnisse und Praktikumsbescheinigungen sind wir schon eingegangen. Wenn Sie nun Ihre Bewerbungsmappe zusammenstellen, überprüfen Sie Ihre bisher erhaltenen Zeugnisse noch einmal auf die Beschreibung der Inhalte, wie im Kapitel *Zeugnisse helfen weiter* erläutert. Sollten Sie Zeugnisse haben, die diesen Anforderungen nicht entsprechen, nehmen Sie Kontakt zum damaligen Arbeitgeber auf und versuchen Sie im Nachhinein, eine Ergänzung oder Korrektur zu erwirken.

Die Mappe selbst sollte neu sein und zum gepflegten Gesamteindruck passen. Wählen Sie eine dezente Farbe und eine durchsichtige Abdeckung, sodass man gleich auf Ihr Deckblatt schauen kann. Und heften Sie alle Papiere fest hinein, damit nichts verrutschen kann. Achten Sie darauf, dass die Blätter nicht rechts aus der Mappe hinausschauen, sie kommen dann in der Regel geknickt an und sehen nicht mehr so schön aus. Die Blätter müssen nicht mehr einzeln in Klarsichthüllen gesteckt werden, das nimmt einer Bewerbung den souveränen Eindruck und macht sie so besonders pflegeleicht, dass es nicht mehr ästhetisch wirkt.

Beim Kauf der DIN-A4-Umschläge empfiehlt sich, eine Mappe dabei zu haben, denn überraschenderweise passen die Hüllen oft nicht in die Umschläge, obwohl beides DIN-A4 ist.

Ich rate Ihnen ab von dreigeteilten Pappmappen, die sich doppelt aufklappen lassen. Sie sind für den Leser ausgesprochen ungünstig, da sie mehr Platz beanspruchen, als man gewöhnlich auf dem vollen Schreibtisch hat, und man zum Kopieren alle einzeln eingeklemmten Blätter herausnehmen und hinterher kunstvoll wieder hineinstecken muss, was zu viel Zeit kostet.

Den Briefumschlag können Sie mit der Hand beschriften. Achten Sie auf ausreichendes Porto. Es gibt tatsächlich Bewerbungen, für die man als Empfänger Nachporto entrichten muss, das macht keinen guten Eindruck zum Start.

Das Foto

Das Wichtigste zuerst: Lassen Sie das Foto bei einem richtigen Fotografen anfertigen und geben Sie sich nicht mit mittelmäßigen Ergebnissen zufrieden.

Sie haben erkannt, welche tragende Rolle Ihr Foto spielen wird, verwenden Sie also entsprechende Sorgfalt darauf. Und üben Sie vorher, bevor Sie sich ins Fotostudio begeben.

Die Haltung

Sitzen Sie relativ aufrecht, aber nicht steif, dennoch gerade. Und wenn Sie jetzt vor den Spiegel gehen, dann setzen Sie sich etwas schräg mit dem Oberkörper vor den Spiegel und drehen den Kopf, bis Sie wieder richtig in den Spiegel schauen. Diese etwas verdrehte Haltung (ca. 45 Grad) wirkt lebendig und macht schmaler, Ihr Fotograf wird Sie auch so ausrichten, wenn er gut ist.

Das Kinn gereckt und damit keine Schatten im Gesicht zu haben, ist außerdem wichtig. Die Beine können übereinander geschlagen sein oder fest auf dem Boden stehen, Hauptsache, Sie werden dabei im Rücken nicht zu krumm.

Der Gesichtsausdruck

Ihr Lächeln ist das Wichtigste. Ob Sie dabei Ihre Zähne zeigen oder nicht, ist zweitrangig, aber sehr freundlich und offen sollte es aussehen, und die Augen sollten mit lächeln, sonst haben Sie einen maskenhaften Gesichtsausdruck.

Sind Sie Brillenträgerin, dann achten Sie darauf, dass der Blitz sich nicht spiegelt.

Wenn Sie die Anfang Dreißig deutlich überschritten haben oder ein Morgenmuffel sind, gehen Sie nicht gleich morgens zum

Fotografen: Sie werden sichtbar müde Augen haben. Also lieber nachmittags, wenn Sie richtig wach sind.

Das Styling

Schminken Sie sich gut, bevor Sie das Foto machen, oder gehen Sie zur Kosmetikerin und lassen sich schminken. Sie sollten zwar nicht »angemalt« aussehen, aber für ein gut ausgeleuchtetes Foto lohnt sich das Abdecken von Unebenheiten, roten Flecken, Augenschatten und allem, was auf Fotos viel deutlicher zum Vorschein kommt als im wirklichen Leben.

Das Problem an Ihrem Foto ist, dass man Sie als Person nicht dazu sieht, sondern es für sich allein wirken muss. Insofern darf es gern ein wenig zum Vorteil geschummelt sein. Und man wird Sie nachher sicher trotzdem wiedererkennen, auch wenn Sie dann plötzlich Pickelchen oder Narben im Gesicht haben. Aber dann begegnen Sie dem Betrachter in aller Lebendigkeit und können mit einem strahlenden Gesichtsausdruck davon ablenken.

Lassen Sie sich auch ordentlich pudern, damit das Gesicht nicht glänzt, und malen Sie sich die Lippen etwas an, gern mit Umrandungsstift, damit die Kontur nicht verschmiert.

Die Kleidung sollte unbedingt berufsmäßig aussehen, aber wiederum nicht so angezogen, als ob Sie zu einer Feier gingen.

Für Büroberufe eignen sich ein Kostüm oder eine Bluse mit Blauer, ein Twinset mit Perlenkette, ein Kleid oder Ähnliches – je nach Typ und Alter. Für technische Berufe kann es auch ein Pulli oder T-Shirt mit Blazer sein, damit liegen Sie immer richtig. Für gewerbliche Berufe lassen Sie den Blazer weg, man könnte sonst zu schnell denken, Sie seien überqualifiziert.

Unabhängig davon, was Sie tragen, achten Sie darauf, dass es gute Qualität ist und nicht am Kragen ausgeleiert oder verwaschen – Fotos sind darin gnadenlos.

Nehmen Sie den Schmuck bis auf kleine unauffällige Ohrringe und eine kleine Kette ab, alles andere sieht schnell unprofessionell aus.

Bei Blondinen mit sehr hellen blonden Haaren oder einem Blond, dassrecht sexy aussieht, empfehlen Personalprofis Schwarz-Weiß-Aufnahmen. Sie sollten alles vermeiden, was Sie auch nur im Entferntesten in die »Blondinen-Ecke« stellt.

Das Gleiche gilt für Frauen, die sehr leuchtende rote Haare haben. Auch hier empfiehlt sich eine neutrale Aufnahme, denn auch Rothaarigen gegenüber gibt es leider viele Vorurteile und Klischees.

Auch beim Gesamteindruck gilt: Bitte nicht zu verführerisch (das Lächeln, der Augenaufschlag, die Kleidung)! Tragen Sie weder für das Foto noch im Vorstellungsgespräch etwas Enges, den Busen Betonendes und nichts Mädchenhaftes.

Behalten Sie auch bei der Vorbereitung Ihres Fotos immer ihr Ziel im Auge: einen professionellen und kompetenten Eindruck erwecken!

Die Online-Bewerbung

Nachdem Sie gesehen haben, wie viel Wert auf die Gestaltung und inhaltliche Ausarbeitung von Bewerbungsunterlagen gelegt wird, können Sie schnell erkennen, wie vorsichtig Sie mit dem neuen Medium »E-Mail« im Bewerbungsprozess sein müssen. Selbst wenn in Stellenanzeigen ausdrücklich eine Bewerbung per E-Mail gewünscht wird, ist dieses mit Vorsicht zu genießen, und Sie müssen sich nicht unbedingt daran halten. Das Risiko ist oft größer als die Chance.

Zum einen wissen Sie nie, wer Ihre E-Mail empfangen wird. Ob das wirklich der in der Anzeige genannte Ansprechpartner ist oder ein Praktikantenpool, der jeweils die Aufgabe hat, E-Mail-Bewerbungen zu sichten, ist nicht sicher, Letzteres ist sogar wahrscheinlicher.

Manche Arbeitgeber haben automatische Selektionsfilter zum Sichten von Bewerbungen per E-Mail zwischengeschaltet, die Ihre Bewerbung mit einem Raster abgleichen und durch dasselbe fallen lassen, wenn Sie nicht genau hineinpassen und nicht die gewünschten Noten und andere Standards haben, die das Unternehmen verlangt. Hier ist jede Individualität dann schnell zum Scheitern verurteilt.

Sie wissen nicht, ob Ihr Empfänger gerne E-Mails erhält oder nur einen Anschluss hat, weil es die Firmenpolitik vorsieht. Dann wird er entsprechend genervt auf Post reagieren oder diese nur einmal im Monat anstandshalber lesen.

Sie wissen nicht, ob der Empfänger genau denselben technischen Standard hat wie Sie, ob er Ihre Dokumente öffnen und ohne Probleme lesen kann. Und wenn er Ihre Bewerbung ausdruckt und kopiert, wird sie hässlich aussehen, und dieses unschöne Exemplar wird dann weitergereicht an die entsprechenden Personen. Dabei wird dann den nächsten Empfänger nicht mehr interessieren, dass es das Druckformat des Empfängers war, das Ihre Bewerbung so verunstaltet hat. Sie erhielten Punktabzug, ohne etwas dafür zu können.

Bedenken Sie, dass Sie pro Unternehmen nur eine Chance zur Bewerbung haben. Und die sollte sitzen.

Nutzen Sie E-Mail in diesem Zusammenhang also höchstens, um eine Zusatzfrage zu stellen oder mit einer Bewerbungsankündigung oder der Erkundigung nach bestimmten Unterlagen zu zeigen, dass Sie mit diesen technischen Standards vertraut sind. Und wenn Sie Unterlagen verschicken, dann am besten per PDF-Format, sodass der Ausdruck auf jeden Fall so ausschaut wie Ihr Original.

Aber nutzen Sie bitte nicht grundsätzlich für die Übersendung Ihrer Unterlagen die elektronische Post! Kein Ausdruck kann so ästhetisch sein wie eine mit Deckblatt und Foto versehene Originalunterlage, die sich auch noch schön anfasst.

Das Vorstellungsgespräch

Wenn Sie bis zu einem persönlichen Kennenlerngespräch vorgedrungen sind, haben Sie schon viel erreicht. Entweder war Ihr Telefonat so überzeugend, dass man Sie sofort zu einem Vorstellungsgespräch einlud, oder Ihre schriftliche Bewerbung hat neugierig auf Sie gemacht.

Das heißt bis hierher, dass dem Arbeitgeber vom Grundsatz her Ihr Profil und Ihre Fachkenntnisse gefallen und Sie zu der freien Stelle passen. Was jetzt im Gespräch geprüft werden soll, ist »nur« noch, ob Sie vom Typ her in das Unternehmen und die entsprechende Abteilung passen.

Ob Ihr Verhalten und Ihr Auftreten mit den bereits vorhandenen Mitarbeitern harmonieren, ob Sie sich in das jeweilige Team integrieren lassen werden, ob Sie mit dem neuen Chef und er mit Ihnen zurechtkommt – all dies erfasst man als Personalprofi zwar auch oft auf den ersten Blick, aber eine Menge Fragen unterstützen einen dabei.

Man sagt, dass die Entscheidung, ob jemand ins Unternehmen passt, nach rund fünf Minuten gefallen ist. Das ist sicher eine Mischung aus Intuition, Menschenkenntnis, Erfahrung, Routine und Professionalität. Da dieses Gesamturteil oft so schnell feststeht, dient der Rest des Gesprächs beziehungsweise das eigentliche Gespräch im Grunde nur noch der Bestätigung des ersten Eindrucks. Nur wenige Bewerberinnen und Bewerber schaffen es, einen zunächst negativen Eindruck im Laufe des Gesprächs noch zu ihren Gunsten umzudrehen. Das gelingt vielleicht zehn Prozent der Kandidaten, und dabei handelt es sich meistens um diejenigen, die vom Typ her auf den zweiten Blick überzeugen, weil sie eher zurückhaltend und sehr verdeckt sind. Das sind dann auch meistens dieselben, die eher durch Fachwissen als durch so genannte Sozialkompetenz überzeugen. Und damit passen sie für bestimmte Jobs sehr gut, für andere hingegen gar nicht.

Wie bei der schriftlichen Bewerbung gibt es auch hier eine Reihe allgemein gültiger Regeln, die ein Vorstellungsgespräch ausmachen. (Wenn im Folgenden von dem »Gesprächspartner« die Rede ist, dann sind sowohl männliche als auch weibliche Gegenüber gemeint. Wenn nicht anders vermerkt, gilt das Gesagte für beide Geschlechter gleichermaßen.)

Die einzelnen Gesprächsphasen und ihre jeweilige Bedeutung

Das Vorstellungsgespräch läuft nach bestimmten Regeln ab und umfasst insgesamt fünf Phasen:

1. Die Wartezeit vor dem Gespräch
2. Die Aufwärm- und Vorstellungsphase
3. Die Darstellung Ihres Lebenslaufs und Fragen des Arbeitgebers
4. Die Beschreibung der zu besetzenden Stelle und Ihre Fragen dazu
5. Die Verabredung des weiteren Vorgehens

Dies ist der Standardablauf eines klassischen Vorstellungsgesprächs, wie Sie es in einem mittelgroßen oder großen Unternehmen erwarten können. In Kleinunternehmen und in Personalabteilungen größerer, die nicht so gut geschult sind, werden Ihnen auch andere Strukturen begegnen, zum Beispiel das Weglassen der Aufwärmphase und das sofortige Starten mit den Fragen zu Ihrem Lebenslauf. Und wenn Sie in solchen nichtprofessionellen Gesprächen nicht selbst mit aufpassen und das Gespräch mit steuern, kann es Ihnen auch passieren, dass der vierte Punkt wegfällt und man Sie reden lässt, Ihnen aber gar keine Informationen gibt. Dies trifft am häufigsten auf gewerbliche Arbeitsplätze zu, wo man sich schon in den Stellenanzeigen bedeckt hält.

Die Wartezeit vor dem Gespräch

Stellen Sie sich ein Fußballspiel vor: Gespielt werden 90 Minuten, und die ersten und letzten Minuten sind die gefährlichsten, um ein gegnerisches Tor zu kassieren. Bei einer Bewerbung beginnt der Startpfiff mit dem Betreten des Gebäudes, der Abschlusspfiff ist dessen Verlassen!

Es gibt in vielen Gebäuden Kameras und jede Menge Möglichkeiten, Sie schon einmal aus der Ferne in Augenschein zu nehmen. Also: Ab Betreten des Gebäudes läuft das Spiel und damit Ihr Auftritt!

Ich zähle die Wartezeit vor dem Gespräch einmal zum Bewerbungsprozess dazu, weil sie für Ihr Verhalten eine nicht unerhebliche Bedeutung hat und es tatsächlich Personalverantwortliche gibt, die Sie bewusst oder unbewusst ohne Grund warten lassen. Entweder mit der Einstellung: »Die will doch was von uns, soll sie ruhig warten«, obwohl Sie einen Termin haben, oder aus angeblichen Testgesichtspunkten, um herauszufinden, wie Sie unter Stress reagieren, ob Sie maulig werden, wie lange Sie geduldig warten etc.

Viel häufiger ist es aber einfach so, dass Sie mit einem Gesprächspartner verabredet sind, der einfach schlecht organisiert ist und seine Termine offensichtlich nicht im Griff hat.

Ihre Verhaltensstrategie, wenn Sie warten müssen, sollte so aussehen, dass Sie fünf Minuten vor der verabredeten Zeit da sind und bei zehn- bis fünfzehnminütiger Verspätung des anderen die Telefonistin, den Pförtner, die Sekretärin oder denjenigen, der Sie in der Wartezeit betreut, bitten, doch noch einmal nachzufragen, ob man Sie vergessen hat. Dann werden Sie wahrscheinlich nach einem kurzen Rückfragetelefonat hören: »Es dauert noch eine Weile, Sie möchten sich noch einen Moment gedulden.« Tun Sie dies, es kann ja wirklich etwas dazwischengekommen sein. Hat man Sie nach einer halben Stunde nicht hereingebeten, bieten Sie an, einen neuen Termin zu verabreden, wenn »Herr Müller es leichter einrichten« kann.

Dieser Schritt ist eine Mutprobe, aber denken Sie daran: Sie sind eine Persönlichkeit, Sie sind wer. Und wer Sie nicht von vornherein anruft, um den Termin zu verlegen, oder nach einer halben Stunde selbst den Termin vertagt, dem ist nicht anders zu helfen. Es gibt auf Ihr Angebot, den Termin zu vertagen, drei Möglichkeiten der Reaktion: Entweder

a) das Gespräch beginnt zufälligerweise sofort, oder
b) es wird gern ein neuer Termin verabredet und der andere hat ein schlechtes Gewissen, oder
c) Sie werden keinen neuen Termin bekommen und der Job hat sich damit für Sie erledigt.

Die dritte Variante ist die seltenste, und wenn, dann war das auch keine Firma für Sie, denn wer Bewerber so behandelt, geht auf die gleiche Art mit Mitarbeitern um. Sie finden eine andere Firma, die Sie mit mehr Wertschätzung behandelt!

Am häufigsten kommt die erste Variante zum Einsatz, und dann sollten Sie sich absolut beherrschen und aus Ihrer angemessenen Wut eine sehr charmante Miene zaubern. Und großzügig sein, nach dem Motto: »Aber ich bitte Sie, das kann doch passieren, Sie haben sicher eine Menge wichtiger Vorgänge auf dem Tisch. Deshalb hatte ich ja angeboten, zu einer Zeit wiederzukommen, wenn es Ihnen besser passt.« Und lächeln Sie, aber nicht ironisch. Denn im Grunde haben Sie einen Pluspunkt erzielt, aber das wiederum dürfen Sie dem anderen keinesfalls zeigen, er merkt es auch so. Reiten Sie auf keinen Fall auf diesem Thema länger herum, haken Sie es ab.

Und gehen Sie davon aus, dass man im folgenden Gespräch eine selbstbewusste und souveräne Gesprächspartnerin erwartet, geben Sie sich also entsprechend und knicken Sie nicht ein.

Die Aufwärm- und Vorstellungsphase

Sie werden für das Gespräch entweder vom Gesprächspartner selbst, seiner Sekretärin, einem Auszubildenden oder späteren Kollegen aus der Wartezone abgeholt. Fragen Sie gleich nach dem Namen, wenn man sich Ihnen vorstellt und sich mit Ihnen auf den Weg macht. Stellen Sie sich selbst auch vor, und nennen Sie Ihren Namen laut und deutlich, während Sie Hände schütteln. Merken Sie sich den Namen Ihres Gegenübers, um sich nachher für die Begleitung zu bedanken, wenn es nicht der Gesprächspartner war. Und war er es, dann ist es erst recht gut, wenn Sie Punkte gesammelt haben und gleich souverän begonnen haben.

Beachten Sie bei diesem harmlosen Weg von A nach B, dass diese Phase oft absichtlich eingeschoben wird, um sich ein weiteres Urteil einzuholen, und sei es nur einen ersten Eindruck. Gehen Sie davon aus: Man wird den Begleiter nachher fragen, wie Sie denn »so waren«. Damit ist gemeint: höflich, freundlich, nicht von oben herab, nicht zu aufgeregt und völlig fertig etc.

Nach dem Bekanntmachen mit Ihrem eigentlichen Gesprächspartner können Sie mit ein bis zwei Fragen allgemeiner Art rechnen, die zum Ziel haben, Sie ein wenig zu entspannen und eine gelockerte Gesprächsatmosphäre zu schaffen. Dies tun Arbeitgeber übrigens auch nicht aus reinem Wohlwollen, sondern auch, um mehr aus Ihnen herauszulocken und Ihr wahres Gesicht zu erkennen, denn das ist es, was sie beurteilen müssen für die spätere Zusammenarbeit.

Solche Fragen lauten meistens: »Sind Sie gut hergekommen?«, »Möchten Sie etwas trinken, was kann ich Ihnen denn anbieten?« (Selbstverständlich keinen Alkohol einschenken lassen!) oder »Oh, ich sehe, Sie sind auch so erkältet, ist es nicht ein schreckliches Wetter zur Zeit?« Versuchen Sie, diese Zeit zu nutzen, um sich zu entspannen und ein wenig durchzuatmen, es ist keine Testsituation.

Sitzen noch mehr Gesprächspartner im Raum, wird man Sie miteinander bekannt machen. Seien Sie im Gespräch zu allen gleichermaßen freundlich, denn es könnte der Entscheider dabei sein. Derjenige, der die Fragen stellt, ist nicht automatisch der Ranghöchste oder Wichtigste am Tisch.

Apropos Sitzen: Wenn Sie sich eine Sitzmöglichkeit aussuchen können, dann wählen Sie kein tiefes und weich gepolstertes Möbel. Erstens kommen Sie aus einem solchen Sessel ohne fremde Hilfe kaum wieder alleine heraus, und zweitens macht er Sie unnötig klein – der Gesprächspartner sollte nicht höher sitzen als Sie! Vermeiden Sie außerdem bei der Platzwahl das Gegenlicht.

Werden Ihnen zur Begrüßung und Verabschiedung Hände zum Schütteln angeboten, greifen Sie relativ fest zu. Die Schwäche bei Frauen, häufig einen ganz weichen Händedruck zu haben, schlägt sich später auch auf Ihre Gehaltsverhandlung nieder. Üben Sie also den Händedruck mit Ihrem Partner oder einer Freundin vorher, damit Sie einen selbstbewussten Eindruck machen.

Die Darstellung Ihres Lebenslaufs und Fragen des Arbeitgebers
Nun beginnt das eigentliche Gespräch, und zwar fast immer mit der Bitte, in ein paar Worten Ihren Lebenslauf darzustellen.

Dies ist eine Aufforderung zum strukturierten und knapp gefassten Darstellen von Sachverhalten, keine Auffrischung des Gedächtnisses Ihres Gesprächspartners. Er wird Ihre Unterlagen gelesen haben, wahrscheinlich sehr gründlich sogar, aber er kann hier das Angenehme mit dem Nützlichen verbinden. Zum einen ist dieser Teil eine gute Möglichkeit, Sie erst einmal reden zu lassen und damit in Ruhe zu betrachten, um sich ein Urteil zu bilden. Zum anderen zeigt es gleich zu Beginn, ob Sie strukturiert und konzentriert vorgehen können.

Für diese auf den ersten Blick so einfache Übung empfehle ich auch dringend, sich den Lebenslauf einmal laut aufzusagen oder einer Freundin zu erzählen, denn es ist gar nicht so einfach, sein ganzes zurückliegendes Berufsleben in kurze Sätze zu fassen, ohne abzuschweifen. Trainieren Sie dies.

Sie sollten die Daten im Kopf haben und als Erwachsene nach der Schulzeit beginnen. Schon die Entscheidung für eine Ausbildung und für welche etc. gehört in diese Schilderung mit hinein.

Sie erzählen das, was in der schriftlichen Version steht, in ganzen Sätzen und mit folgerichtigen Übergängen zwischen den einzelnen Punkten.

Sobald Sie in Ihrer Schilderung am heutigen Tag angekommen sind, wird Ihr Gesprächspartner mit seinen Fragen starten, und das können im Wesentlichen folgende sein – je nach Themengebiet stellt er sich vielleicht auch schon zwischendurch, das muss man sich nicht als festen Block vorstellen, den er abarbeitet. Und bekommen Sie angesichts der Menge der Beispiele keinen Schreck: Das gesamte Gespräch dauert maximal eine Stunde, darin bereits enthalten sind die Fragen. Es werden pro Rubrik also nur ein bis zwei sein können.

Fragen zum persönlichen Hintergrund

- *Seit wann sind Sie verheiratet?* Dies ist eine reine Sachfrage, um Ihren Familienhintergrund einzuschätzen, sicher auch, um im Kopf nachzurechen, ob Ihr Kind ein eheliches ist, ob der jetzige Mann der Vater ist und was man eigentlich alles noch so wissen möchte, aber nicht fragen darf. Daher erst einmal die Fakten, das Bild setzt sich später im Kopf zusammen.
- *Was macht Ihr Mann beruflich?* Zielt in die Richtung herauszufinden, ob er vielleicht arbeitslos ist und Sie arbeiten müssen, was dem Arbeitgeber wiederum das sichere Gefühl gäbe, Sie wollen wirklich arbeiten. Gleichzeitig möchte man aber auch wissen, aus welchem sozialen Hintergrund Sie kommen und

wie Sie leben. Ist Ihr Mann Bankdirektor, bekommen Sie wahrscheinlich gleich ein anderes Image, als wenn Sie sagen, er sei bei der Müllabfuhr. Ich möchte an dieser Stelle darauf hinweisen, dass »mehr« nicht immer auch »besser« ist. Die Frau eines Bankdirektors zu sein, hat wahrscheinlich eine Menge finanzieller Vorteile, aber wenn Sie sich nicht gerade als Karrierefrau bewerben, könnte man unterstellen, dass Sie nur zum Spaß arbeiten, und das will keiner. Ist Ihr Mann bei der Müllabfuhr, hat das etwas Solides, Festangestelltes und fast Beamtenstatus, was wiederum für ein sicheres und »anständiges« Zuhause spricht. Erfinden Sie hier also keine Geschichten, erzählen Sie die Wahrheit, aber nicht zu ausführlich – die Firma, die genaue Bezeichnung seines Jobs, all das können Sie für sich behalten. Denn es geht hier schließlich um Sie, nicht um Ihren Mann.

- *Was sagt Ihr Mann dazu, dass Sie arbeiten wollen?* Man möchte einerseits sichergehen, dass Sie zu Hause alles abgesprochen haben und nach dem Vertragsangebot nicht die böse Überraschung folgt, weil Ihr Mann eigentlich strikt dagegen ist. Andererseits glauben gerade männliche Gesprächspartner immer noch, wir Frauen brauchten eine amtliche Erlaubnis für bestimmte Dinge. Die passende Antwort zielt also in Richtung: Alles in Ordnung, findet er gut, er steht voll hinter mir und so fort.
- *Wie alt sind Ihre Kinder?* Auch hier möchte sich der Arbeitgeber absichern, dass er keinen Problemfall einstellt, wenn er Sie ins Haus holt. Er möchte sichergehen, dass die Betreuung geregelt ist und Sie sich unbelastet auf die Arbeit einstellen können. Und er möchte abschätzen, ob ihm noch viele Ausfallzeiten wegen kranker Kinder drohen – die Gefahr vor allem von Kinderkrankheiten ist bekanntlich in den ersten vier Jahren am größten. Wenn Sie kleine Kinder haben, dann erklären Sie gleich beim Nennen des Alters den Rest der versteckten Frage beziehungsweise die nächste Frage mit.
- *Wie ist die Betreuung des Haushalts und der Kinder geregelt, wenn Sie wieder anfangen zu arbeiten?* Am besten ist es hierfür, wenn Sie ein wirklich sicheres Konzept haben. Dafür diente die am Anfang des Buches beschriebene Vorbereitung

und die Testphase zu Hause. Nun können Sie also mit der Sicherheit des Erprobten erzählen, wie Sie es regeln und dass alles klappt. Erzählen Sie zur Bestätigung auch ruhig, dass Sie dieses Modell schon länger ausprobiert haben. Ihr Gegenüber will einfach beruhigt werden.

- *Was waren Ihre Eltern von Beruf (oder sind es noch)?* Auch diese Frage zielt wieder auf den sozialen Hintergrund, den Sie mitbringen. Man möchte sich ein Bild machen, aus welchem »Stall« Sie kommen. Auch wenn es für Sie vielleicht eher altmodisch klingt, diese Fragen nach dem sozialen Hintergrund liegen wieder im Trend. Da Gleiche gilt für die nächste Frage.
- *Haben Sie Geschwister? Älter oder jünger? Was machen die beruflich?* Hier ist es eine Mischung aus sozialem Hintergrund und der Familienhierarchie, in der Sie aufgewachsen sind. Man geht davon aus, dass das erste Kind das durchsetzungsfähigste ist, weil es sich seine Rechte erkämpfen musste, und dass es selbständig ist, weil es schon früh Verantwortung für kleinere Geschwister trug. Gleichzeitig möchte man wissen, ob Sie zum Beispiel in der Familie eine totale Außenseiterin sind, ob zum Beispiel alle anderen Arbeiter sind und Sie die einzige Ärztin. Oder umgekehrt. Welche Schlüsse man auch immer daraus zieht, es scheint von Interesse und wird oft gefragt.

Fragen zu Schule und Ausbildung

- *Warum haben Sie so häufig die Schule gewechselt?* Eine Frage, die nicht bewertend gemeint ist – Schulwechsel ist nicht automatisch schlecht. Er kann auch belegen, dass Sie mit Ihren Eltern immer wieder umziehen mussten und sich jedes Mal wieder neue Freunde suchten, ein neues soziales Umfeld aufgebaut haben, und das wäre positiv. Erzählen Sie hingegen, dass Sie alle zwei Jahre hinausgeworfen wurden, weil Sie schwer erziehbar waren, müssen Sie gleich das Beruhigungsmittel hinterherschicken, nämlich: dass Sie heute im Rückblick feststellen, Sie wären ein Chaot gewesen, hätten sich nicht anpassen wollen, aber das sei ja Gott sei Dank schon mit der Ausbildung vorbei gewesen. Und Sie würden heute noch Ihre Eltern bedauern, was die mit Ihnen durchmachen mussten. Erzählen Sie in solchen Fällen die Geschichte der Geläuterten!

- *Wie haben Sie in der Schule gearbeitet, lieber allein oder in Gruppen?* Man möchte mit dieser Frage Ihre Teamfähigkeit herausfinden: Können Sie mit anderen zusammenarbeiten oder nicht so gut? Möchten Sie am liebsten alles allein entscheiden, und wenn Sie in Gruppen arbeiten, übernehmen Sie dann die Führung? Die Beantwortung dieser Frage hängt ganz stark vom angestrebten Job ab: Möchten Sie eine Tätigkeit im stillen Kämmerlein ausüben, zum Beispiel als Alleinlaborantin in einer großen Praxis, dann sollte Ihre Schilderung nicht zu teamorientiert ausfallen. Denn dann würde der Arbeitgeber befürchten, Sie bräuchten nur Ablenkung und wären allein unglücklich. Automatisch unterstellt er dann, Sie würden immer außerhalb des Labors in ein Gespräch mit Kolleginnen vertieft stehen. Bewerben Sie sich als Verkäuferin und wollen Menschen etwas überzeugend darstellen, dürfen Sie auf der anderen Seite kein Mauerblümchen-Leben aus der Schulzeit dargestellt haben.
  Fragen zur Schulzeit stellt man übrigens eher den jüngeren Bewerberinnen, bei denen diese Zeit nicht länger als zehn Jahre zurückliegt.
- *Wie sind Sie auf diesen Ausbildungsberuf gekommen?* Hier interessiert, ob es Zufall war, ob es eine Verbindung dieser Entscheidung zum jetzigen Beruf gibt, ob man einen roten Faden erkennen kann im bisherigen Leben. Wer Bootsbauerin lernt und dann über die Zeitarbeit auf Büroberufe gekommen ist und sich heute als Chefsekretärin bewirbt, wird diese Frage sicher hören. Und was immer Sie sich früher bei Ihren Entscheidungen dachten, erzählen Sie es. Auch wenn Sie nur Ihren großen Brüdern zeigen wollten, dass Sie auch ein »ganzer Kerl« sind, erzählen Sie es und fügen Sie Schilderungen hinzu, die belegen, dass Sie jetzt wirklich wissen, was Sie wollen. Denn das ist die heimliche Angst des Arbeitgebers, dass Sie nicht wissen, was Sie wollen, und dann schnell nach der Einarbeitung feststellen, dass es dieser Job nicht ist.
- *Was hat Ihnen in der Berufsausbildung am meisten Spaß gemacht, was überhaupt keinen?* Hier möchte der Arbeitgeber herausfinden, wo Ihre Neigungen liegen. Bewerben Sie sich als Buchhalterin und erzählen, dass Sie in Ihrer Ausbildung die

Zahlen am meisten gehasst haben und die Außendienste Ihnen am meisten Freude bereiteten, dann würde er misstrauisch werden. Das Bild, das er sich von Ihnen zusammenzusetzen versucht, sollte stimmig und einheitlich sein und wenig Risse aufweisen. Lassen Sie sich hier etwas einfallen, was zum Job passt.

- *Wie haben Sie die Praktikumsplätze gefunden?* Diese Frage klärt Ihre Eigeninitiative. Haben Sie selbst etwas unternommen, sich erkundigt, Träume in die Tat umgesetzt, oder hat Ihr Vater das damals alles für Sie geregelt, weil er über Vitamin B verfügte? Dies wäre eine nicht so gelungene Antwort – lassen Sie sich bei solchen Fragen daher immer etwas einfallen, das auf eigene Initiative und Engagement schließen lässt.

Fragen zum beruflichen Hintergrund

- *Wie sind Sie damals an Ihren ersten Job nach der Ausbildung gekommen?* Auch hier wieder die Frage nach der Eigeninitiative und Entschlussfreudigkeit. Man würde sich freuen zu hören, dass Sie sich mit System den Arbeitsmarkt angeschaut haben und es demnach genau dieser Job sein musste. Einfach nur Zufall wäre zu einfach, selbst wenn es so war. Der Arbeitgeber möchte hieraus auch schließen können, dass Sie sich bei ihm genauso bewusst beworben haben wie damals und es Ihnen nicht egal ist, wo Sie arbeiten.
- *Warum haben Sie nach zwei Jahren schon das erste Mal die Firma gewechselt?* Hier brauchen Sie eine gute Erklärung, die die Bedenken wegwischt, Sie könnten etwa nicht durchhalten, würden schnell weglaufen oder Ähnliches. Also sachliche Gründe, die etwa lauten: In der zweiten Firma hatten Sie mehr Entwicklungschancen, die wirtschaftliche Situation des ersten Arbeitgebers war unsicher, und da Sie Ihr Gehalt brauchen, konnten Sie Ihren Kindern gegenüber das Risiko nicht eingehen. Was hier nicht geht, ist das negative Herziehen über den alten Arbeitgeber. Loyalität wird hiermit nämlich indirekt auch abgefragt. Und man unterstellt, dass Sie die Loyalität, die Sie Ihrem alten Arbeitgeber gegenüber hatten, auch dem neuen entgegenbringen würden.

Und was bei solchen Fragen auch nicht geht, sind emotionale Geschichten über Chefs, die genervt haben, oder eine Kollegin, die zu laut war und mit der man sich das Zimmer teilen musste. Auch wenn es solche Gründe sind, die zur Kündigung veranlassen, man spricht nicht darüber!

- *Welche Funktion genau haben Sie in Ihrem Ehrenamt ausgeübt?* Auch diese Frage zielt wieder auf Ihre Rolle im Team, sind Sie die stille »Arbeitsmaus« oder die Führungspersönlichkeit, die das Sagen hat? Arbeiten Sie gern im Team oder lieber alleine, all diese Informationen möchte man ableiten. Also erzählen Sie auch hier den Anteil von sich, der zur angestrebten Tätigkeit passt. Vermeiden Sie auch hier wieder die befürchteten Risse im Bild.

Fragen zu persönlichen Eigenschaften und Arbeitsstil

- *Was sind Ihre besonderen Stärken?* Über diese Frage haben Sie ja bereits im Kapitel *Besinnen Sie sich auf Ihre Stärken* nachgedacht, insofern fällt Ihnen die Antwort sicher leicht. Antworten Sie kurz mit zwei, drei Stichworten, erzählen Sie keine Geschichten, denn der Zusatz: »Und woran machen Sie das fest?« kommt gleich hinterher. Und für diesen Zusatz brauchen Sie noch Munition. Wichtig ist, dass Sie diese Frage ohne mit der Wimper zu zucken annehmen und nicht wie die meisten Frauen Ihre Stärken herunterspielen und lieber unter den Tisch fallen lassen. Denken Sie dran: Sie sind eine kompetente und versierte Persönlichkeit und bringen eine ganze Menge mit.
- *Was können Sie nicht so gut, was liegt Ihnen nicht so besonders?* Genau hier sollten Sie nicht aus dem Nähkästchen plaudern. Nennen Sie eine Schwäche, an deren Verbesserung Sie bereits arbeiten, zum Beispiel Ungeduld, wenn etwas nicht so klappt, oder »nicht mögen, wenn etwas ewig dauert«. Was auch immer Sie sich hier einfallen lassen, es muss zum Job passen, also nicht die Aussage »nicht rechnen können« für die Bewerbung als Buchhalterin.
- *Sind Sie belastbar? Und woran machen Sie das fest?* Nur hier können Sie aus Ihrem Alltag als Mutter und Hausfrau erzählen. Und nehmen Sie ein Beispiel, das der Arbeitswelt noch am

nächsten ist. Zum Beispiel Mutter pflegen und drei eigene Kinder und zwei als Tagesmutter haben oder Ähnliches. Allein die Aussage, Kindergeschrei aushalten zu können, wäre nicht überzeugend.

- *Erzählen Sie doch einmal ein Beispiel von einem richtigen Erfolgserlebnis in Ihrem Leben!* Auch hier nehmen Sie bevorzugt ein Beispiel aus der arbeitsnahen Welt, zum Beispiel die erfolgreiche Kreditverhandlung bei der Bank für Ihr Haus oder den Autoverkauf oder einen Flohmarkt mit hohen Umsätzen oder die Reformierung Ihres Kindergartensystems – oder Ihren ersten Job. Erzählen Sie nicht die Kindergeschichten nach dem Motto: »Meine Kinder sind das Beste, was ich bisher zustande gebracht habe, und auf sie bin ich stolz!« Sie sitzen hier nicht als Mutter, um sich als eine Art »Obermutter« zu bewerben, hier sind Sie als Berufstätige, erwachsene Gesprächspartnerin, kompetente Kraft gefragt. Da sollten Ihnen andere Beispiele einfallen, und die gibt es sicher in Ihrem Leben.
- *Was fällt Ihnen besonders schwer?* Dies ist die verstecktere Frage nach den Schwächen. Beantworten Sie sie in ähnlichem Stil, auch hier muss die Antwort zur angestrebten Tätigkeit passen.
- *Was war Ihr größter Entscheidungskonflikt im bisherigen Leben, und wie haben Sie ihn gelöst?* Hier auch bitte Entscheidungen wählen, die aus dem arbeitsnahen Bereich stammen: der Umzug mit Ihrem Mann ins Ausland und das Aufgeben Ihres eigenen Jobs dafür; die Entscheidung, nicht zu studieren und sich auf die praktische Ausbildung zu stürzen, oder die Entscheidung, damals für die Kinder Ihre Berufstätigkeit aufzugeben, wenn es so war.
- *Wenn man Ihre letzte Firma befragen würde, was würden die Kollegen über Sie und Ihre Arbeitsweise erzählen?* Die nun folgenden Fragen sind alle eine elegantere Version der Frage nach Stärken und Schwächen. Nutzen Sie diese als gute Vorlage, um so richtig über sich zu schwärmen. Ob je ein Kollege bestätigen würde, dass Sie super im Organisieren, Analysieren von technischen Problemen, sofortigen Entdecken von Fehlern und Entwickeln schneller unkonventioneller Lösungen sind, ist

hier uninteressant. Hier haben Sie die Chance, eine positive Botschaft über sich zu verkünden – tun Sie es.

- *Wenn wir Ihren Mann befragen würden, worauf ist er besonders stolz bei Ihnen?* Hier nennen Sie bitte auch eine Eigenschaft, die nichts mit Ihnen als Mutter oder Hausfrau zu tun hat, also lieber etwas aus der Welt der »Erwachsenen«.
- *Wenn wir Ihre Freunde befragen würden, was schätzen die an Ihnen besonders?* Hier kommen Eigenschaften wie Verlässlichkeit, Treue, Ehrlichkeit, Offenheit, Humor und andere gute menschliche Eigenschaften ins Spiel, die auch beim Arbeitgeber gut ankommen. Denn man überträgt automatisch, dass Sie so, wie Sie zu Freunden sind, auch zum Arbeitgeber und zu Kollegen sein werden.
- *Wenn wir Ihre beste Freundin fragen würden, was könnte die an Ihnen gar nicht ausstehen?* Solche Fragen sind eigentlich unfair, insofern sollten Sie diese auch nicht ehrlich beantworten. Was geht den Arbeitgeber Ihre Freundin an? Nennen Sie etwas Harmloses oder antworten Sie einfach: »Oh, wir schätzen uns beide so, wie wir sind.« Auch dieser Punkt gehört Ihnen.

Fragen zum angestrebten Beruf und Wiedereinstieg

- *Was erwarten Sie genau von der Tätigkeit als Mitarbeiterin in unserem Hause?* Hier wird Ihre Einstellung zur Arbeit überprüft und Ihr Realitätssinn. Man erwartet einfach, dass Sie sich mit dem Job, den Sie ausüben möchten, schon einmal befasst haben und realistische Vorstellungen mitbringen. Das kann die Schilderung von Kundengruppen sein, von einem typischen Tagesablauf, Erwartungen, die Sie haben, oder ähnliche Beispiele aus der neuen Welt, um die Sie sich bewerben. Hier können Sie auch Parallelen ziehen zu Ihren anderen Praxiskontakten, die Sie während der Erziehungspause hatten: Praktika, Zeitarbeit, Aushilfen, Ihr letzter Job. Eine gute Gelegenheit, um durch Realitätssinn zu belegen, dass man gedanklich noch auf der Höhe der Zeit ist.
- *Was wissen Sie über unsere Firma?* Hier erwartet man von Ihnen, dass Sie die Produkte kennen, die Mitarbeiteranzahl, das Gründungsjahr und den Umsatz im vergangenen Jahr. All

diese Daten sind Basiswissen, das Sie schon für die Erstellung der schriftlichen Bewerbungsunterlagen kennen mussten. Hier können Sie Ihr Wissen noch einmal unterbringen. Und wenn Sie in einigen Sätzen Kenntnis bewiesen haben, wird man Sie auch nicht nach näheren Details fragen.

- *Warum wollen Sie gerade zu uns? Diese Tätigkeit könnten Sie doch auch woanders ausüben?* Hier auch wieder der Bezug zum Anschreiben. Sie haben es schon einmal geschrieben, warum Sie hierher wollen. Wiederholen Sie es mit anderen Worten, und schmücken Sie es noch ein wenig aus. Jeder Arbeitgeber freut sich über ein paar anerkennende Worte und Begeisterungsfähigkeit an dieser Stelle. Loben Sie seinen Betrieb und stellen Sie die Verbindung zwischen der schriftlichen Begründung und heute her, indem Sie zum Beispiel feststellen: »Die Gründe, die ich im Anschreiben schon mitteilte, haben sich durch den Eindruck heute gefestigt.«
- *Wie viel möchten Sie verdienen?* Bei dieser Frage kommen circa 90 Prozent aller Frauen immer wieder ins Schwimmen. Männer fast nie. Es ist nichts Verruchtes dabei, eine Preisvorstellung abzugeben. Informieren Sie sich vorher beim Arbeitsamt, was so eine Tätigkeit etwa bringen könnte, und nennen Sie eine realistische Summe. Hier wird noch nicht endgültig Ihr Gehalt festgelegt, sondern abgeschätzt, ob Sie Ihren Wert kennen, ob Sie auf dem Laufenden sind und letztlich, ob Sie sich trauen, eine Summe zu nennen. Und sagen Sie bitte nicht, dass Ihnen Geld »eigentlich nicht so wichtig« sei und die Arbeit in erster Linie »Spaß bringen« sollte. Dann könnten Sie doch auch ein Ehrenamt ausüben und müssten sich nicht dem harten Wettbewerb stellen. Also: Nennen Sie Ihren Preis, Sie werden es wert sein! Und liegen Sie für diese Position zu hoch, wird der Arbeitgeber es Ihnen schon mitteilen und Ihnen sagen, dass man dieses Gehalt leider aufgrund des Gehaltsgefüges nicht zahlen kann, aber den Betrag in Höhe von X anbieten könnte, ob Ihnen das auch recht sei. Dann entscheiden Sie selbst, ob Sie sich darauf einlassen oder nicht.
- *Angenommen, Sie haben diesen Job, und Ihr Kind wird tagsüber ins Krankenhaus eingeliefert, Ihr Chef hat eine wichtige Konferenz am nächsten Tag, die Sie noch gemeinsam vorbereiten*

müssen – wie reagieren Sie? Diese Frage ist eine so genannte »situative Frage«. Dieser Stil wird bei Personalfachleuten zunehmend eingesetzt, weil er einen Blick hinter die Kulissen gewährt. Das Muster ist immer dasselbe, nämlich »was wäre, wenn …« Und der Phantasie sind dabei keine Grenzen gesetzt. Personalleiter gehen davon aus, dass man diese Fragen nicht trainieren kann, aber sie irren: Man kann. Dafür ist es wichtig, die dahinter liegende Absicht zu erkennen.
Hier zum Beispiel ist ein extra harter Konflikt aufgezeigt, aus dem Sie sich lösen sollen, ohne die Loyalität zum Arbeitgeber zu verletzen. Aber eine »Rabenmutter« will auch kein Arbeitgeber, also wird die Antwort beiden Problembereichen der Frage gerecht: Sie rufen Ihren Mann an, der ins Krankenhaus fährt und das Kind tröstet, oder fahren selbst schnell hin, wenn es in der Nähe ist. Sie regeln dann die Betreuung vor Ort, versichern sich, dass es ihm gut geht, es in guten Händen ist, und dann kehren Sie an Ihren Arbeitsplatz zurück und bereiten Ihren Chef auf die Konferenz vor. Sie können ihm auch den Abend anbieten, sobald das Kind schläft. Oder einer versierten Vertretung das Computerprogramm mit der Präsentation zeigen und sie einweisen, während Ihrer Abwesenheit kurz die Vertretung zu übernehmen.
Hier geht es nicht um den Ernstfall. Jeder würde Sie sofort zu Ihrem Kind ins Krankenhaus schicken und sich eine andere Lösung für die Arbeit suchen. Aber im Bewerbungsgespräch geht es um den Test Ihres Gewissens. Und die richtige Einstellung ist natürlich, dass beides gleich wichtig ist und abgewogen werden muss.

- *Angenommen, Sie kommen nach Hause und Ihre Tagesmutter hat fristlos gekündigt, was tun Sie?* Hier möchte der Arbeitgeber testen, ob Sie gleich den Job hinschmeißen, heulend zusammenbrechen oder ansonsten die Kontrolle verlieren und zurück zu Heim und Herd eilen. Nein, Sie nicht, denn Sie haben ja bereits an Plan B für den Notfall (vgl. Kapitel *Konkrete Vorbereitung des Wiedereinstiegs*) gearbeitet und ihn getestet. Und genau dieser tritt jetzt in Kraft. Auch wenn es später einmal nicht so aufgehen sollte. Sie erzählen dem Arbeitgeber jetzt diese Version und können später immer noch einen Tag frei nehmen, falls es Ihnen im wirklichen Leben so gehen sollte und auch Plan B ausfällt.

- *Einmal unterstellt, Sie entdecken Ihre Lieblingskollegin beim Diebstahl, wie verhalten Sie sich?* Hier geht es auch um Ihr Gewissen, und man möchte wissen, ob Sie der Freundschaft oder dem Arbeitgeber die Treue halten. Und Sie sind selbstverständlich loyal zum Arbeitgeber und lösen das Problem, indem Sie Ihre Freundin überzeugen, sich selbst zu stellen, um noch mit einem guten Zeugnis aus der Sache herauszukommen. Und Sie unterstreichen noch einmal, dass man so ein Verhalten nicht dulden darf und dass die Freundin damit allen Kollegen gleichermaßen geschadet hat und selbst die Verantwortung für ihr Handeln tragen muss. Ein eleganter Kompromiss, der Sie weder als unsozial noch als Verräterin Ihres Arbeitgebers hinstellt.

Zusammenfassung des Fragen-Teils

Wenn Sie sich anschauen, wie viele Informationen und Schlüsse Ihr Gesprächspartner aus Ihren Antworten zieht und was er eigentlich am liebsten hören möchte, erkennen Sie die Wichtigkeit der gründlichen Vorbereitung auf ein solches Gespräch! Überlegen Sie sich zu all den aufgelisteten Fragen einige Antwortmöglichkeiten. So gehen Sie sicher ins Vorstellungsgespräch. Und wenn diese Fragen dann alle nicht gestellt werden oder nur drei davon, dann haben Sie sich wenigstens sicher gefühlt für den Fall der Fälle. Und das wird auf alle anderen Antworten und Ihr gesamtes Verhalten ausstrahlen und Ihnen nützen.

Und noch etwas ist Ihnen aufgefallen: wie wenig Gelegenheiten es gibt, Ihre bisherige Tätigkeit als Mutter und Hausfrau ins Gespräch zu bringen, wenn Sie es richtig angehen. Und genau darum geht es: Damit stellen Sie nämlich die Tatsache, dass Sie lange aus dem Beruf draußen waren, ganz in den Hintergrund und holen alles nach vorne ins Bewusstsein, das Ihnen für die angestrebte Tätigkeit und die Bewerbung hilft. Und je weniger Sie selbst über Ihre Mutterrolle, Ihre süßen Kinder, den Stress mit der Hausarbeit reden, umso mehr wird man Sie als geeignete Bewerberin einstufen und am Ende selbst gar nicht mehr daran denken, dass Sie eigentlich ja eine Wiedereinsteigerin ohne aktuelle Arbeitserfahrung sind.

Die Beschreibung der zu besetzenden Stelle und Ihre Fragen dazu

Dies ist nun der Teil des Vorstellungsgesprächs, in dem Ihre Fähigkeit zum Zuhören getestet und manchmal auf eine harte Geduldsprobe gestellt wird. Der Arbeitgeber, Inhaber, »Personalmensch« erzählt Ihnen etwas über die Firma, deren Geschichte, Erfolgsgeheimnis, den Job und die Abteilung, um die Sie sich bewerben, und so weiter. Dieser Teil kann auch schon mal 80 Prozent eines Gesprächs ausmachen, dann fällt der vorige Teil extrem kurz aus und Sie fragen sich am Ende, ob das jetzt überhaupt ein Vorstellungsgespräch war.

Aber wie auch immer: Manchem Arbeitgebervertreter reicht es, Ihr Verhalten in der Kontaktaufnahme und jetzt beim Zuhören kennen zu lernen, und er stellt Sie trotzdem ein, was soll's also?

Wichtig ist in diesem Teil nur, dass Sie versuchen, selbst einige Fragen loszuwerden, die Sie beantwortet haben möchten. Genauso wichtig ist es, auf die Frage »Was wollen Sie denn noch von uns wissen?« ein bis zwei Fragen bereit zu haben oder wenigstens schnell zu antworten: »Danke, keine mehr, die haben Sie alle schon mit Ihren Ausführungen beantwortet.«

Wenn Sie Fragen stellen, dann wählen Sie möglichst im ersten Gespräch solche nach den Arbeitsinhalten oder Nachfragen zur Geschäftsstrategie, über den weiteren Entscheidungsweg, die Größe der Abteilung, ob Sie den Arbeitsplatz einmal sehen dürften, oder nach der grundsätzlichen Arbeitszeit, denn das ist wichtig für die Kinderbetreuungs-Regelung. Stellen Sie aber keine Fragen nach Urlaub, Sozialleistungen und Gleitzeitmöglichkeiten.

Die Verabredung des weiteren Vorgehens

Dieses ist schon die Schlussphase des Vorstellungsgesprächs, es geht nur noch darum, wie man sich voneinander trennt. Wird es ein zweites Gespräch geben, und wenn ja, mit wem? Oder wird es eine »Absage nach Gespräch« geben – wenn ja, wann?

Diese beiden Fragen bewegen Sie, aber man stellt sie als Bewerberin nicht so deutlich, obwohl es nicht besonders unpassend wäre.

Gehen Sie davon aus, dass Ihr Gesprächspartner sich ein Bild von Ihnen gemacht hat und zumindest konkreter werden wird, wenn das Gespräch und Sie ihm gefallen haben.

Er wird Ihnen versichern: »Wir melden uns kurzfristig bei Ihnen mit einem zweiten Termin«, und Sie können dann nachfragen, wer daran teilnehmen wird. Oder er sagt eher unverbindlich: »Wir melden uns in der kommenden Woche und wollen bis dahin noch eine Reihe anderer Kandidatinnen anschauen«, dann hat er noch Auswahl – aber nichts ist entschieden.

Ein schlichtes unverbindliches »Sie hören von uns« ist fast eine Absage. Oder ein ungeschickter Gesprächspartner. Pokern Sie und fragen an dieser Stelle höflich nach, wann das sein wird, denn Sie hätten auch noch alternative Angebote, bei denen Sie sich entscheiden müssen. So erfahren Sie wenigstens den Termin und können ein wenig Zeitdruck aufbauen, ohne zu fordernd zu wirken.

Wenn diese Fragen geklärt sind, verabschieden Sie sich voneinander und danken sich gegenseitig für das Gespräch und die ausführlichen Informationen, die interessanten Fragen und die angenehme Atmosphäre, wenn sie denn angenehm war.

Danach gehen Sie ruhig und erhobenen Hauptes aus dem Gebäude. Bedenken Sie, der Schlusspfiff fällt erst in Ihrem Auto oder an der Bushaltestelle. Bleiben Sie souverän – man könnte Sie beobachten.

So bereiten Sie sich auf das Gespräch vor

Sie haben erkannt, dass sich gezielte Vorbereitung lohnt. Ihr Gesprächspartner tut es auch – stehen Sie darin in nichts nach. Nehmen Sie sowohl die inhaltliche Vorbereitung als auch die äußere sehr ernst. Je besser Sie sich vorbereiten, umso mehr Energie haben Sie bereit, um sich ganz auf den Gesprächsverlauf zu konzentrieren und der Aufregung gewachsen zu sein.

Inhaltliche Vorbereitung

- Lesen Sie sich die oben aufgelisteten Fragen durch.
- Überarbeiten Sie noch einmal Ihren Plan für die Organisation zu Hause und die Notfallvariante, um auch darauf im Gespräch vorbereitet zu sein.

- Lesen Sie sich Ihre Bewerbungsunterlagen noch einmal durch, damit Sie wissen, was Sie dem Arbeitgeber alles vorgeschwärmt haben und wie Sie begründet haben, warum Sie zu dieser Firma möchten. Peinlich wäre es, wenn der Arbeitgeber Ihren Brief besser kennt als Sie.
- Arbeiten Sie sich gedanklich in die neue Tätigkeit ein, denken Sie darüber nach, wie sie wohl aussehen könnte, und informieren Sie sich über die Firma auf die in den Kapiteln *Beim alten Arbeitgeber anklopfen* und *Über den Arbeitsmarkt informieren* genannte Weise.

Äußere Vorbereitung

Gehen Sie davon aus, dass Sie zum Vorstellungsgespräch sehr aufgeregt sein werden. Diese Aufregung entspricht dem Lampenfieber von Schauspielern, sie ist gesund und hilft Ihnen, genügend Stresshormone im Hirn zu haben, die Ihnen die passenden Antworten in Windeseile heraussuchen helfen.

Es geht übrigens allen Bewerbern, die es ernst meinen, so: Alle sind aufgeregt, und zwar unabhängig von der Position, die sie anstreben, auch Topmanager, Auszubildende, alte wie junge.

Da Sie aufgeregt sein werden, empfiehlt es sich, alles vorher zu erledigen, was Ihnen am Tag des Gesprächs den Kopf frei hält, also zum Beispiel:

Klären Sie, wie Sie zur Firma kommen und welches Verkehrsmittel am wenigsten Stress bedeutet. Fahren Sie diesen Weg einige Tage vorher oder am Abend vor dem Gespräch noch einmal ab, um auf Umleitungen gefasst zu sein.

Fahren Sie rechtzeitig los, um noch einen Parkplatz zu suchen. Lieber warten Sie eine halbe Stunde im Auto, als zu spät zu kommen. Und gehen Sie erst fünf Minuten vor dem Termin ins Gebäude, nicht zu früh.

Regeln Sie die Betreuung Ihres Kindes beziehungsweise Ihrer Kinder doppelt abgesichert, sodass Sie den Vorstellungstermin nicht wegen fehlender Betreuung absagen müssen. Dann haben Sie nämlich aus Sicht des Arbeitgebers gleich verloren, wenn Sie schon diesen Termin nicht halten können. Planen Sie bei der Kinderbetreuung so viel Vorlaufzeit ein, dass die

Kinder schon weg sind, wenn Sie sich umziehen und sich in Ruhe noch einmal sammeln.
Legen Sie sich die Kleidung, die Sie anziehen möchten, am Vortag heraus und checken Sie, ob alles gebügelt und heil ist. Halten Sie eine zweite Strumpfhose bereit – Laufmaschen kommen immer dann, wenn man keine zweite zur Hand hat. Bügeln Sie lieber am Vortag, damit Sie Ihre Lieblingsbluse nicht vor lauter Aufregung anbrennen.
Die Art der Kleidung stimmen Sie wie schon beim Foto auf den angestrebten Job ab. Bleiben Sie im neutralen Mittel: nicht zu modern, nicht zu altmodisch, nicht zu jugendlich, aber auch nicht zu altbacken. Die gewählte Kleidung sollte das von Ihnen angestrebte Image unterstreichen.
Frisur und Make-up sollten aussehen wie die einer berufstätigen Frau, nicht zu »aufgedonnert«, aber doch etwas mehr zurechtgemacht, als wenn Sie zu Hause sind.
Nehmen Sie die zweite Strumpfhose und ein Taschentuch mit, an dem Sie sich zur Not auch die feuchten Hände trocknen können.

Haltung und Ausdruck – erfolgreiche Kommunikation

Neben der Kleidung und dem Inhalt, den Sie von sich geben, spielt die Körpersprache die größte Rolle, denn damit ist man gewöhnlich am ehrlichsten, wenn man sich nicht vorbereitet hat. Wenn Sie sich also vorbereiten und üben, dann bedenken Sie folgende Punkte:

- Wenn Sie sich bemühen, im Gespräch aufrecht zu sitzen, werden Sie auch eine aufrechte innere Haltung ausstrahlen und von vornherein selbstbewusster wirken.
- Lehnen Sie sich an, wenn es möglich ist, und bleiben nicht auf der Stuhlkante sitzen, das wirkt leicht unsouverän oder auf dem Sprung.
- Rauchen Sie nicht, auch wenn es Ihnen angeboten wird und Ihr Gegenüber Kette raucht: Bei Bewerbern gibt das leider Punktabzug.

- Gegen Aufregung hilft es, beide Beine mit dem ganzen Fuß auf die Erde zu stellen, dann haben Sie Bodenkontakt, der die Aufregung aus Ihnen in die Erde ableitet. Halten Sie die Knie zusammen oder schlagen Sie die Beine übereinander, das wirkt gepflegter und damenhafter.
- Verknoten Sie Ihre Hände nicht zu sehr, es wird dann sehr schwer, sie wieder voneinander zu trennen. Locker ineinander gelegt haben Sie auch Halt und wirken nicht so angespannt. Wenn es auch sonst Ihre Art ist zu gestikulieren, dann tun Sie es auch im Bewerbungsgespräch, bleiben Sie so natürlich wie möglich, ohne die gewünschte »Damenhaftigkeit« zu verletzen.
- Schauen Sie Ihrem Gesprächspartner in die Augen, wenn er spricht, aber auch, wenn Sie sprechen. Und nicken Sie, während Sie zuhören, das ermuntert Ihr Gegenüber weiterzusprechen und lässt Sie interessiert aussehen.
- Vermeiden Sie alles, was zu nervös und unsicher aussehen könnte: das Herumnesteln an Reißverschlüssen oder Knöpfen, das Spielen mit dem Kugelschreiber, das ständige Verschieben von Papier auf dem Tisch, das Öffnen und Schließen Ihrer Tasche, das unruhige Hin- und Herrutschen auf dem Stuhl.
- Sprechen Sie in Ihrer tiefsten Tonart, nicht zu hoch und vor allem nicht mit dem für Frauen so typischen Fragezeichen am Satzende. Sie haben etwas zu sagen, und nach jeder Aussage setzen Sie einen gedanklichen Punkt. Das senkt die Stimme automatisch nach unten.
- Reden Sie laut und deutlich und werden Sie gegen Satzende nicht leiser, denn wenn Sie Ihren Gesprächspartner durch leises Reden zum Nachfragen zwingen, steigert dies nur Ihre Unsicherheit und seine Gereiztheit.
- Zeigen Sie, dass Sie gut zuhören können. Unterbrechen Sie nicht und beantworten Sie keine Fragen, die noch nicht gestellt sind. Das passiert gut vorbereiteten Bewerbern tatsächlich. Sie ahnen schon beim ersten Wort die Frage und beantworten sie ganz schnell. Nur peinlich, wenn der Fragende seine Absicht ändert. Sie haben Zeit!
- Streichen Sie alle »vielleicht« und »ich glaube« sowie »eigentlich« aus Ihrem Wortschatz, das bietet sich grundsätzlich an,

wenn man sich im Leben etwas mehr durchsetzen möchte. Diese Unsicherheitsworte sind typisch weiblich und unterlaufen Ihre Autorität, die Sie sich gerade mühsam aufbauen.
- Bringen Sie so selten wie möglich Beispiele aus der Welt von »Mutter und Kind«.

Nicht verunsichern lassen

Zum Abschluss noch einmal einige Dinge, die Ihnen begegnen können, die Sie aber nicht persönlich nehmen sollten. Lassen Sie sich nicht aus dem Konzept bringen!

- Ständige Unterbrechungen, wenn Sie einmal mehr als zwei Sätze hintereinander reden, sind einfach nur furchtbar unerzogen und unhöflich. Reden Sie weiter und werden etwas lauter, das schreckt manchen Unterbrecher ab. Oder halten Sie inne und bitten den anderen, Sie doch kurz ausreden zu lassen. Dann wird er sich beherrschen. Diese Unsitte ist meistens schon Alltag im Berufsleben geworden, sodass man es oft vielleicht gar nicht mehr merkt.
- Störungen zwischendurch sind auch nicht immer abgesprochen und als Verunsicherungstaktik geplant. Viel häufiger (fast immer) sind sie ein Zeichen schlechter Organisation und Abgrenzung. Hier sitzt Ihnen jemand gegenüber, der am liebsten über alles Bescheid weiß, schlecht delegieren kann und sich unentbehrlich findet, oft ein Inhaber im Kleinbetrieb. Auch dieses Verhalten ist unhöflich, aber leider in der Situation nicht zu ändern. Klingelt also das Telefon oder kommt dauernd jemand mit Unterschriftenmappen hinein, denken Sie sich Ihren Teil und verfolgen Sie unbeirrt Ihren roten Faden. Einfach weiterreden, wenn die Störung vorbei ist, als wäre nichts gewesen, ist die souveränste Art.
- Den Dauer-Redefluss des anderen auszuhalten ist ebenfalls oft anstrengend. Wer lieber selbst redet, statt den Bewerber zu Wort kommen zu lassen, ist sehr von sich überzeugt. Doch Sie werden ihn oder sie nicht ändern. Halten Sie es einfach aus, gehen Sie nicht in die Konfrontation.

- Hektisches Mitschreiben auf der anderen Seite des Tisches, begleitet von ständigem Nicken, könnte einen Anfänger enttarnen, der noch ganz eifrig ist. Es könnte sich aber auch um einen innerlich abwesenden Gesprächspartner handeln, der gerade seine Präsentation schreibt, die er in einer Stunde halten muss. Sie zwingen einen solchen Typ am besten zum Zuhören, indem Sie kurze Antworten bringen, denn dann muss er eine neue Frage stellen und kann nicht so viel schreiben. Vielleicht will er aber auch nur so tun als ob und zeichnet in Wahrheit Männchen. Unbedingt den festen Blickkontakt halten kann hier auch besonders nützlich sein und Ihr Gegenüber zu mehr Aufmerksamkeit veranlassen.

Wenn Sie all diese Tipps beherzigen und die Bewerbungssituation wirklich üben, sollte es Ihnen gelingen, Ihren Gesprächspartner von Ihrer Eignung für die Tätigkeit und Ihrem Interesse für den Job und das Unternehmen zu überzeugen.

Trotz alledem eine Absage – und nun?

Sollten Sie trotz der guten Vorbereitung zunächst auf Ihre schriftliche Bewerbung oder gar nach einem Gespräch Absagen erhalten, dann nehmen Sie diese in allererster Linie bitte nicht persönlich.

Bereits im Kapitel *Die erfolgreiche Bewerbung nach langer Pause* wurde deutlich, wie viel davon abhängt, dass Bewerberin und Unternehmen zusammenpassen. Und das kann wirklich der Gesprächspartner auf der anderen Seite besser beurteilen. Letztlich auch zu Ihren Gunsten. Fingen Sie nämlich irgendwo an, wo es Ihnen so wenig gefällt, wo Sie so wenig hineinpassen, die Arbeit überhaupt keinen Spaß bringt, dann hätten in erster Linie Sie selbst ein Problem. Sie müssten dann wieder von vorne anfangen und hätten eine nur kurze Berufstätigkeit im Lebenslauf, den Sie die nächsten Jahre immer wieder begründen müssten. Und Sie hätten mehr Angst beim nächsten Mal, ob Sie Ihrem Urteil trauen können oder wieder danebenliegen und wie es wohl diesmal wird. Insofern sind es in erster Linie Sie selbst, die daran interessiert sein muss, einen Wiedereinstieg zu finden, der klappt.

Erst in zweiter Linie hat das Unternehmen ein Problem. Jemanden zu suchen, einzustellen und einzuarbeiten ist eine Investition von mehreren tausend Euro, je nach Gehaltsgröße des neuen Mitarbeiters bis zu rund 75.000,- Euro, denn man rechnet zusammen: die Anzeigenkosten, die Zeit für Bewerbungsgespräche, die Kosten für das Gehalt in den ersten Monaten, wo die Leistung noch nicht so hoch ist, sondern der Lernanteil höher, und die Gehaltskosten desjenigen Mitarbeiters, der die neue Kollegin einarbeitet, sowie erforderliche Fortbildungskosten. Und zu allen Gehältern kommt der so genannte Arbeitgeberanteil in Höhe von rund 50 Prozent hinzu, den man für Sozialabgaben, anteiliges Urlaubs- und Weihnachtsgeld und Kantinenkosten etc. berechnet. So sprechen wir bei einer Neueinstellung wirklich von einer erheblichen Investition, die gut vorbereitet und überlegt sein soll. Auch hierin liegt ein Grund, warum Personalverantwortliche so genau hinschauen und ganz sicher gehen wollen beziehungsweise müssen – letztlich aber auch zu Ihren Gunsten.

Neben der ersten Grundregel zum Umgang mit Absagen (nicht »persönlich nehmen«) lautet die zweite: Lernen Sie aus den Fehlern und bleiben Sie optimistisch.

Nutzen Sie die im Kapitel *Die erfolgreiche Bewerbung nach langer Pause* empfohlene Strategie, jede Absage zu hinterfragen, um daraus zu lernen und noch besser zu werden. Schauen Sie sich Ihre jeweiligen Begründungen für ein Unternehmen in Ihren Anschreiben noch einmal kritisch an, war das überzeugend genug? Klang es wild entschlossen und begeistert? Kam Ihre Kompetenz zum Tagen?

Es hilft nur eines: optimistisch weitermachen. Verlieren Sie nicht den Glauben an sich und seien Sie sicher: Die für Sie richtige Firma war offensichtlich noch nicht dabei, sonst hätte es geklappt.

Suchen Sie sich in Absage-Phasen Trost und Unterstützung bei Freundinnen, Ihrem Partner, Ihren Kindern. Bei Menschen also, die Sie so lieben, wie Sie sind, und die weiterhin an Sie glauben, egal wie viele Absagen in Ihrem Papierkorb liegen. Und ziehen Sie aus diesen Beziehungen die Kraft und innere Stärke für den nächsten Anlauf, auch wenn es wirklich schwer fällt, sich selbst immer wieder aufzurichten.

Die Barrieren des Erfolgs – Zusammenfassung

Fasst man alle bisherigen Kapitel noch einmal unter dem Blickwinkel zusammen, was unbedingt zu vermeiden ist, wenn man als Berufstätige trotz Schwangerschaft, Mutterschaft und Elternzeit oder längerer Pause Erfolg haben möchten, bleiben folgende sieben Punkte. Diese Verhaltensweisen sind Barrieren, die Wiedereinsteigerinnen am Erfolg hindern und die Arbeitgeber nicht positiv bewerten. Ich bin allerdings sicher, dass Ihnen dies alles nach der Lektüre dieses Buches nicht passieren wird. Im Gegenteil: An mancher Stelle wird Ihr (zukünftiger) Arbeitgeber überrascht sein, mit wie viel Professionalität und mit wie wenig Emotionen Sie die Vereinbarung von Beruf und Schwangerschaft oder Mutterschaft angehen. Bisher sind Arbeitgeber solch gute Vorbereitungen und so viel Mitdenken bei der Gestaltung der Vereinbarkeit nicht gewöhnt.

Lesen Sie als Zusammenfassung noch einmal die Klischees, die Verhaltensweisen und Strategien, die Ihre Verhandlungspositionen eindeutig verschlechtern:

Mit der Schwangerschaft unberechenbar werden

Hierzu gehört alles im Kapitel *Erfolgreiche Verhandlungsführung über die berufliche Zukunft* Genannte, vom zu späten Informieren über die Schwangerschaft bis hin zu fehlenden Vorstellungen über die Zukunft nach der Geburt, von erheblichen Krankheitszeiten und Ausfällen während der Schwangerschaft bis zum ständigen Reden über das Befinden und das werdende Baby, von der inneren Abmeldung bis zum Rüschchen-Sweatshirt, kurz: alles, was Sie als Berufstätige in Ihrer Kompetenz und Ihrem Engagement schwächt und auf das Mutterwerden reduziert.

All diese Verhaltensweisen werden dazu führen, dass Ihr Arbeitgeber hofft, Sie mögen doch drei Jahre Elternzeit beantragen und schnell noch ein zweites Kind bekommen, damit er Sie so schnell nicht wieder beschäftigen muss. Und all dies wird dazu führen, dass Ihre persönlichen Vorstellungen von Weiterbeschäftigung und Teilzeit zumindest bei diesem Arbeitgeber nicht wahr werden.

Falsche Einstellung zur Arbeit

Sie haben sich im Kapitel *Innere Vorbereitung auf den Wiedereinstieg* überprüft und Ihre Motivation zum Wiedereinstieg gründlich und sich selbst gegenüber ehrlich hinterfragt. Was nämlich aus Arbeitgebersicht immer wieder zu Absagen und negativen Reaktionen führt, ist das Gefühl, es meint jemand nicht ernst mit seiner Bewerbung oder er hat eigentlich keine richtige Lust, wieder zu arbeiten.

Dieses unbestimmte Gefühl kommt dann durch alle Knopflöcher rüber, auch wenn es Ihnen selbst vielleicht gar nicht so deutlich ist. Woran macht man das als Personalprofi fest?

An Bemerkungen wie: »Ich muss zu Hause einfach mal wieder raus, die Decke fällt mir auf den Kopf, will mal wieder unter Leute und was erleben, mich mal wieder schön anziehen« und ähnliche Bemerkungen, die auf die wirkliche Arbeit nicht eingehen und klingen, als ob sich die Bewerberin eine neue Freizeitbeschäftigung sucht.

An einer schwammigen Vorstellung von der Arbeitswelt merkt man auch, dass jemand schlecht vorbereitet ist und es nicht so unbedingt ernst meint. Das sind zum Beispiel leere Antworten auf die Frage: »Wie stellen Sie sich denn den beruflichen Alltag bei uns vor?« Wenn dann der Blick an die Decke schwebt und nach einer Antwort gesucht wird und man merkt, da ist nichts, da gibt es keine konkreten Vorstellungen, dann ist vieles klar. Es erwartet niemand, dass Sie ganz konkrete Abläufe schildern, aber eine Vorstellung vom hektischen Alltag, von Kunden, Themen, Arbeitszeiten, Gewohnheiten, irgendetwas, das nach Arbeitswelt klingt, die sollten Sie mitbringen.

Ein paar interessierte Fragen zu stellen oder interessiert mit wachem Gesicht und gerader Haltung zuzuhören kann auch nicht schaden, um einen guten Eindruck zu vermitteln.

Anschluss verpasst

Ein echtes Hindernis ist, wenn Sie fachlich nicht auf der Höhe sind. Niemand lehnt Sie ab, weil Sie eine Pause eingelegt und sich um

Ihre Familie gekümmert haben. Aber wie Sie diese Zeit genutzt haben, das wird bewertet. Haben Sie sich fortgebildet, Praktika geleistet, Fachliteratur gelesen, Computerkurse belegt, als Aushilfe gejobbt, in irgendeiner Form Kontakt zur Arbeitswelt geknüpft?

Sie machen es sich besonders schwer, wenn Sie nach 15-jähriger Unterbrechung als Bewerberin auftauchen und nichts Aktuelles vorzuweisen haben. Gerade das Jahr vor der Rückkehr ist entscheidend!

Unvorbereitet sein – fachlich und mental

Im Gespräch keine Antworten parat zu haben, sich nicht auf die jeweilige Firma eingestellt, keine Informationen gesammelt zu haben, die Fragen an Sie selbst nicht beantworten zu können, all das ist hiermit gemeint.

Dazu gehören die typischen Antworten: »Eine gute Frage, darüber habe ich noch gar nicht nachgedacht«, oder »Keine Ahnung, weiß ich wirklich nicht«, oder »Mit meinem Mann spreche ich, wenn ich diesen Job habe, das kläre ich dann alles zu Hause in Ruhe.« Kommt durch solche Antworten beim Gegenüber das Gefühl auf, dass noch gar nichts vorbereitet ist und Sie ein Typ sind, der alles auf sich zukommen lässt, ist das Gespräch schnell zu Ende. Niemand möchte eine »tickende Zeitbombe« einstellen, der diese zu lässige Haltung irgendwann einmal um die Ohren fliegt, und das möglichst am Arbeitsplatz.

Eine solche Haltung kommt nicht professionell rüber und wirkt nicht vertrauensfördernd, sodass der Arbeitgeber sich schnell nach einer Alternative umsehen wird.

Fehlerhafte Unterlagen

Ein Tippfehler geht eigentlich schon nicht mehr, die falsche Firmenbezeichnung oder Rechtschreibfehler im Firmennamen sind noch schlimmer, Lücken im Lebenslauf, die nicht erklärt werden, Noten, die falsch aus den Zeugnissen in den Lebenslauf übertragen werden, gehen schon gar nicht. Und das absolute Aus droht, wenn Sie in der Hektik des Verschickens von Bewerbungen den falschen Brief in den adressierten Umschlag gesteckt haben. Das heißt, wenn die »Bank Direkt« von Ihnen eine Bewerbung erhält, die eigentlich an den Steuerberater Schmidt gerichtet ist.

So viel Nachlässigkeit will sich keiner ins Haus holen, denn es droht die Gefahr, dass es sich um Ihren Arbeitsstil handelt, wenn Sie schon etwas so Wichtiges wie Ihre eigene Bewerbung falsch eintüten. Man schließt aus diesem Verhalten auf Ihr Arbeitsverhalten im beruflichen Alltag, und dort erwartet man Gründlichkeit.

Falsche Prioritäten

Da Sie zu Hause alles organisiert und geregelt haben, stehen Sie im Bewerbungsverfahren also ganz dem Arbeitgeber zur Verfügung, und das sollte auch in aller Konzentration dargestellt und glaubhaft gemacht werden. Das Thema Kinder und Haushalt schneiden Sie bitte von sich aus nicht an. Aber wenn dann Fragen nach Ihrer Organisation der Familie kommen – und die kommen sicher –, dann darf nicht der Eindruck erweckt werden: »Mein Kind geht vor.« Während der Arbeitszeit will der Arbeitgeber erste Priorität haben. Und er erwartet absolute Loyalität, Pünktlichkeit und Engagement. Hier spricht keiner davon, dass Sie im wirklichen Notfall nicht sofort zu Ihrem Kind gehen sollten, aber hier geht es um die grundsätzliche Einstellung nach dem Motto: »Von 9 bis 15 Uhr gehöre ich ganz der Meier KG!« Und Punkt.

Mangelndes Selbstbewusstsein

Die Sätze »Das trau ich mir noch nicht zu«, »Ich glaube, das kann ich nicht«, »Das müsste mir erst jemand zeigen, ich bin so lange raus« und ähnliche Bekenntnisse Ihres geschwächten Selbstbewusstseins sollten Sie aus Ihren Äußerungen im Kontakt mit Arbeitgebern streichen! Sie stellen sich bitte dar als das, was Sie sind: eine erwachsene und selbstständige Frau, die weiß, was sie tut, und weiß, was sie kann. Kein Mann würde sich bei einer Bewerbung oder in der Einarbeitungsphase unter Wert verkaufen oder als bedürftig darstellen. Sie erhalten selbstverständlich die Zeit der Einarbeitung und auch Hilfestellungen beim Umgang mit neuen Techniken, Programmen etc. Aber darum müssen Sie nicht extra bitten oder darauf hinweisen.

Glauben Sie ganz fest an sich und Ihre Fähigkeiten – und sei es im ersten Schritt auch nur an die Fähigkeit, dass man alles lernen kann, wenn man nur will.

Und dann straffen Sie Ihren Rücken und Ihre Gedanken,

versetzen Sie sich gedanklich in Situationen hinein, wo alles super lief, dann bekommen Sie auch wieder dieselbe Einstellung und das Gefühl für Ihre Kraft.

Und nur wenn Sie von sich überzeugt sind, werden es andere auch sein!

Ausblick

Sie haben sich nun intensiv mit dem Für und Wider der Berufstätigkeit auseinander gesetzt. Haben Pläne geschmiedet für die Zeit mit Baby, mit Kind, nach dem Hausfrauendasein oder in welcher Phase Sie auch immer dieses Buch gelesen haben. Sie haben Notfallpläne gestrickt, vieles im Hintergrund organisiert und vorbereitet und sich wieder auf den Arbeitsmarkt gestürzt. Ich bin sicher, dass sich viele Diskussionen mit Freundinnen, Gleichgesinnten, Ihrem Partner und Ihrer Mutter aus dieser Auseinandersetzung ergeben haben. So haben Sie nach und nach Ihre Position gefestigt und wissen jetzt, wie das Thema Kind und Beruf für Sie persönlich gestaltet werden soll.

Bewerben Sie sich nun für den Wiedereinstieg oder eine andere Stelle für die Dauer der Elternzeit, dann werden Sie sicher Erfolg haben – mit guter Vorbereitung sogar sehr schnell.

Die Freude wird sich nach der ersten Euphorie mit Angst mischen, mit Bedenken, ob Sie es denn alles hinkriegen, ob alles klappt, ob Ihr Kind ohne Sie zurechtkommt etc. Und häufig ist es so, dass Sie die Freude nicht mit sehr vielen teilen werden, sondern die Einwände überwiegen werden – die Anzahl der Bedenkenträger ist meist höher als die der Optimisten. Durchhalten heißt die Parole für Sie, die Zeit und die Routine werden es leichter machen. Alle beteiligten Personen werden sich an die Veränderung in Ihrem Leben gewöhnen, und schon bald gehören die Zweifel der Vergangenheit an!

Wenn Sie zusammengefasst die folgenden Regeln befolgen, werden auch Sie für sich die Kombination Familienleben, Kind und Beruf befriedigend lösen können:

- Setzen Sie sich ausführlich mit Ihren beruflichen Plänen auseinander und bekommen Sie klar, was Sie für die Zeit mit Kind wirklich wollen.
- Bereiten Sie eine gründliche Verhandlungsstrategie für die Gespräche mit Ihrem Arbeitgeber vor, egal zu welchem Zeitpunkt Sie über Ihren Beruf sprechen.

- Geben Sie die Ausgestaltung Ihres Jobs und Ihrer Elternzeit nicht aus den Händen, Sie selbst sind Ihr bester Anwalt und können sich am besten für Ihr Vorhaben einsetzen.
- Bleiben Sie in Kontakt mit der Berufswelt und machen Sie sich »nützlich«, wann immer sich eine Gelegenheit bietet.
- Trennen Sie Kind und Beruf im beruflichen Umfeld so stark wie möglich, machen Sie sich in den Augen der anderen nicht zur »Mutter«, trennen Sie die verschiedenen Rollen Ihres Lebens.
- Beziehen Sie Ihre Familie, Ihren Lebenspartner und Ihr Netzwerk mit ein, wenn es an die Verteilung von Pflichten geht, und tun Sie dies rechtzeitig.
- Arbeiten Sie sich lückenlose »Notfallpläne« mit doppeltem Boden aus und testen Sie diese, bevor Sie sich von zu Hause ganz trennen!
- Starten Sie erst wieder in die Berufstätigkeit, wenn alles zu Ihrer Zufriedenheit und Sicherheit geregelt ist, erst dann haben Sie den Kopf frei und werden Erfolg haben.
- Verabschieden Sie sich von der Illusion der Perfektion – Sie sind auch nur ein Mensch.

Ich wünsche Ihnen alles Gute bei Ihrem Vorhaben und wünsche mir für unsere Töchter und Enkelinnen, dass es gelingt, Arbeitgeber zu überzeugen, dass Kind und Beruf nicht zu deren Nachteil kombiniert werden, sondern Frauen sich verantwortungsvoll zeigen. Damit dürfte das Image der hormongesteuerten und nicht berechenbaren Arbeitnehmerin bald der Vergangenheit angehören und ein weiterer Schritt in Richtung wirklicher Gleichberechtigung geschafft sein.

Ihre Meinungen, Ergänzungen, Kommentare etc. senden Sie mir gern an die nachstehende Adresse:

Lehky Consulting e.K.
Heimhuder Str. 72
20148 Hamburg
oder:
info@lehky-consulting.de